Sylvia Näger

Literacy –
Kinder entdecken Buch-, Erzähl- und Schriftkultur

Sylvia Näger

Literacy –
Kinder entdecken Buch-,
Erzähl- und Schriftkultur

HERDER

FREIBURG · BASEL · WIEN

Dieses Buch widme ich meiner Mutter.
Sie war die verlässlichste und liebste Vorleserin meiner Kindheit.
Durch ihre Leselust hat sie mir früh vermittelt,
dass Leben und Abenteuer, Fantasie und Weltwissen
in der Literatur zu finden sind.

3. Auflage

Gedruckt auf umweltfreundlichem, chlorfrei gebleichtem Papier
Umschlaggestaltung: R·M·E Roland Eschlbeck/Rosemarie Kreuzer
Umschlagfoto: Hartmut W. Schmidt, Freiburg
Fotos im Innenteil: S. 20, 41 Hartmut W. Schmidt;
S. 47, 55, 63, 69, 75, 79, 86, 90, 94, 105, 107, 117 Sylvia Näger

© Verlag Herder Freiburg im Breisgau 2005
www.herder.de
Satz: Barbara Herrmann, Freiburg
Druck und Bindung: fgb · freiburger graphische betriebe 2007
www.fgb.de
ISBN 978-3-451-28691-9

Inhalt

Vorwort

mein ABC
Ich lernte lesen auf Leibnitz Keksen
und fütterte
die Lieblingspuppe
mit warmer
Großbuchstabensuppe.
Ich schrieb deinen Namen
aus Russisch-Brot
und aß dich auf.
Aus Hungersnot.   la_paula

Dieses Gedicht, verfasst von einer jungen Frau, lässt erspüren: Literacy hat ihre Wurzeln tief in den Tagen unserer Kindheit.

Alle, die sich um Kinder kümmern, ob in der Familie oder in der Kita, sind Lehrerinnen und Lehrer der Literacy. Das Wissen darüber, dass ein literarisches Klima Kindern den Weg zur Sprache, zur Schrift und zum Lesen weist, motiviert, Kindern ein Aufwachsen mit Literatur zu garantieren. Und wer wäre da mehr gefragt, als die Mitarbeiterinnen der Einrichtungen, in denen viele Tage der Kindheit verbracht werden? Demzufolge sind Pädagoginnen und Pädagogen Lotsen auf dem Weg zur Bücherwelt.

Kinder brauchen anregende Begegnungen mit Schrift und Zeichen, die die Welt bedeuten, sie brauchen alle Arten von Büchern und Printmaterialien. Und vor allem brauchen sie zuverlässige Vorleserinnen, die ihnen die schriftliche Sprache in eine mündliche zurückverwandeln.

Kindern frühzeitig eine literarisch anregende Umgebung zu bieten, sie zu Lesefreude und Lesemotivation zu führen, bedeutet, ihre Bildungschancen mitzugestalten und ist ein gesell-

schaftlicher Beitrag dazu, dass das Lesen nicht zu einer ausster-
benden Beschäftigung wird.

Dieses Buch vermittelt das „Wesen" des Begriffs Literacy, indem es aufzeigt, dass ein literales Klima in der Tageseinrichtung
Kinder unterstützt, die Struktur der Sprache zu lernen und erfolgreich anwenden zu können. Es zeigt die Verbindungswege zwischen der gesprochenen Sprache und der geschriebenen Sprache
auf und unterstreicht die Bedeutung, Wege zur Schriftkultur neu
zu betrachten. Es will vermitteln, dass die Ermöglichung einer frühen Begegnung mit Schriftsprache Bestandteil sprachlicher Bildung ist und keine Frühalphabetisierung sein darf. Da drei- bis
sechsjährige Kinder auf ihre Art Interesse an Lesen und Schrift zeigen und der Schriftspracherwerb ein Entwicklungsprozess ist, der
bereits lange vor der Einschulung beginnt, ist es wenig sinnvoll,
dieses Interesse der Kinder zu ignorieren und gänzlich der Schulzeit zuzuweisen. Für die elementarpädagogische Arbeit mit Kindern muss zukünftig geklärt sein, dass das kindliche Interesse an
Schrift und Schreiben geweckt und begleitet werden kann und
zwar im Sinne eines spielerischen Zugangs.

Veränderte Lernbedingungen und aktuelle Forschungsergeb-
nisse legen eine intensive Beachtung der Sprachentwicklung
und eine neue Betrachtung des kindlichen Schriftspracherwerbs
nahe. Diese Verbindung spiegelt der englische Begriff „Literacy".

Das Buch geht davon aus, dass frühe Erfahrungen mit den verschiedenen Facetten von Lese-, Erzähl- und Schreibkultur Kinder
herausfordern, sich selbst als sprechende, zuhörende, erzählende,
lesende und schreibende Person zu erleben, und dass diese Erfahrungen ihre literale Entwicklung und Bildung fördern.

Es möchte vermitteln, welche Methoden und Materialien zur
Verfügung stehen und zur Auseinandersetzung anregen, wie
Kindern alltägliche Literacy Erfahrungen zu ermöglichen sind,
um diese bedeutsame Bildungsaufgabe entwicklungsgemäß zu
gestalten.

Freiburg, April 2005   Sylvia Näger

Was ist Literacy?

Zum Begriff Literacy

Eine Schlüsselqualifikation, die auch im Zeitalter der elektronischen Medien unverzichtbar ist, ist die Fähigkeit, durch Sprache und Schrift zu kommunizieren. In der aktuellen Diskussion wird diese Kompetenz als „Literacy" bezeichnet.

Der englische Begriff „Literacy" bezeichnet im engeren Sinn die Kompetenz, lesen und schreiben zu können. Im weiteren Sinne gebraucht, bezieht er alle Erfahrungen und Grundfertigkeiten rund um Erzähl-, Sprach- und Schriftkultur mit ein. Was sind das für Grundfertigkeiten? Nach Ulich (2003) handelt es sich dabei um Fähigkeiten *„wie Text- und Sinnverständnis, sprachliche Abstraktionsfähigkeit, Lesefreude, Vertrautheit mit Büchern, die Fähigkeit, sich schriftlich auszudrücken, die Vertrautheit mit Schriftsprache oder mit ,literarischer' Sprache oder sogar Medienkompetenz."* Diese Fähigkeiten entwickeln sich in den ersten Lebensjahren. Einige Kinder hören schon früh eine Gutenachtgeschichte, leben aber (vielleicht als Einzelkind) in einem relativ schweigsamen Haushalt. Andere Kinder sind stets von Sprache umgeben, Geschichtenerzählen gehört zum familialen Alltag. Schriftsprache hat allerdings keine Bedeutung – dass man Botschaften und Nachrichten auf Zetteln oder in Briefen notieren kann, gehört nicht zu ihrer Erfahrungswelt. In anderen Familien kommt täglich eine Zeitung ins Haus, aber über diese Buchstabenseiten wird nicht gesprochen. Ankommende E-Mails prägen die Stimmung in einigen Familien, ohne dass die Kinder wissen, warum. Wenn ein Kind mit drei Jahren fröhlich das McDonald's Logo erkennt, sind einige Eltern erfreut, andere nicht. All dies sind Literacy-Erfahrungen, die Kinder in der frühen Kindheit machen. Erfahrungen mit Sprache, Schrift und Bildern – jede dieser Erfahrungen bildet einen Mosaikstein bei der Entwicklung der Schreib- und Lesefähigkeit.

Entwicklung früher Literacy-Erfahrungen

Kinder lernen lange vor dem Schuleintritt sehr viel über das Schreiben und Lesen, indem sie beobachten, welchen Stellenwert Reden, Schreiben, Lesen, das Festhalten von Informationen in ihrer Umgebung hat. Nach Haug Schnabel/Bensel (2004, S. 50) handelt es sich dabei um sensible Phasen für bestimmte Entwicklungsvorlieben, in denen Kinder auf der Suche nach Entwicklungsanreizen sind. Es sind vielfältige, frühe Erfahrungen in unterschiedlichsten Bereichen. Bereits im Säuglingsalter sammelt das Baby erste Erfahrungen, z. B. wie die ersten Bezugspersonen auf die Artikulationen des Säuglings reagieren, auf Schreien oder Lächeln – z. B. mit Schnuller oder sprachlicher Zuwendung. Aus welchem Grund aber werden Schriften und Zeichen im weiteren Entwicklungsverlauf für Kinder so interessant? Haug-Schnabel und Bensel (2005, S. 50) verweisen als Antwort auf diese Frage auf den Film von Donata Elschenbroich („Ins Schreiben hinein"). Demnach begeben sich Kinder an vielen Orten auf Spurensuche nach Symbolen und Zeichen. *„Ein Grund wird sein, dass vier bis fünf Jahre Sozialisation dem Kind gezeigt haben, dass es sich lohnt, Informationen festzuhalten, damit sie längerfristig zur Verfügung stehen, auch wenn der Informant gerade nicht präsent ist."* Ein weiterer Grund für das starke Interesse der Kinder an Zeichen und Symbolen besteht darin, dass Kindern die Bedeutung von Schrift, Zeichen und Symbolen als Mittel des Miteinander kommunizierens deutlich wird. *„Schrift wird somit als Möglichkeit verstanden, sich austau-*

schen und etwas weitergeben zu können. Diese Stufe der kindlichen Entwicklung rekapituliert wohl die Entstehung der Schriftlichkeit im Laufe der Menschheitsgeschichte." (Haug-Schnabel/Bensel 2005, S. 51)

Erste schriftliche Begriffe werden von Kindern zunächst bildhaft dargestellt. Nach Haug-Schnabel/Bensel (2005, S. 50) stellen Kinder zu einem späteren Zeitpunkt ihre Vorstellungen durch abstrakte Zeichen dar, die der jeweiligen Kultur entsprechen. Die Bezugspersonen sollten in dieser Phase die besonderen Schriftzeichen der Kinder akzeptieren und keine Korrekturen vornehmen, zumal es nicht um starre Lernprogramme geht oder korrekte Schreibweisen, sondern um die Förderung des kindlichen Interesses an Schrift und Sprache. Besonders unterstützend wirken sich auch körperliche Nähe und Zuwendung auf die Lernmotivation des Kindes aus. Das Bilderbuch ist das erste Medium, bei dem Kinder erste Erfahrungen mit der Lesekultur sammeln und ein gutes Beispiel für sensible Zugewandtheit und körperliche Nähe beim Vorlesen und Betrachten der Bilder. Nach Ulich (2003, S. 10) handelt es sich hier um eine besondere Form des Dialogs, vom einfachen Benennen der sichtbaren Gegenstände, über Beschreibungen, Umschreibungen, Herstellung von Zusammenhängen zwischen Bildern und Textstellen bis hin zu Deutungen und der Darstellung persönlicher Sichtweisen. Diese Form es Dialogs zwischen Kind und Erwachsenem ermöglicht dem Kind eine spezifische Erzählsituation, in der der Dialog und die Beziehung zwischen Kind und Erwachsenem im Mittelpunkt steht: Es geht um das Formulieren und Nachdenken über Zusammenhänge, das Präzisieren von Gemeintem und nicht zuletzt um den kreativen Umgang mit Sprache. Je selbstverständlicher Kinder erleben, dass Bücher, Zeitungen und alle Arten von Printmedien genutzt werden, dass Schrift und Sprache als Kommunikationsmittel bedeutsam sind, desto mehr werden sie sich für die Welt der Buchstaben interessieren und ihre eigenen Erfahrungen machen wollen.

Frühe Literacy-Erfahrungen fördern zudem die phonologische Bewusstheit. Nach Kammermeyer (2005) eine wichtige Vorläuferfähigkeit für den Schriftspracherwerb in der Grundschule. *„Unter phonologischer Bewusstheit versteht man die Fähigkeit, die Aufmerksamkeit von der Bedeutung einer Mitteilung abzuwenden und auf den formalen Aspekt der Sprache zu lenken. Sie zeigt sich in der Fähigkeit, Wörter in Silben zu gliedern (z. B. Gi-se-la), Reime zu erkennen (z. B. Kanne-Tanne-Wanne-Wald), Laute herauszuhören (z. B. Michael beginnt mit M)."* Die phonologische Bewusstheit wird somit zu einer bedeutenden Lernvoraussetzung für den Erwerb der Schriftsprache.

Ausschnitt aus: Gisela Kammermeyer: Fit für die Schule – oder nicht? Was Erzieherinnen über das heutige Verständnis von Schulfähigkeit wissen müssen. In: kindergarten heute. Zeitschrift für Erziehung. Heft 10, 2004, S. 9.

Welche Wege führen zu Literacy?

Spielerischer und selbstbildender Zugang des Kindes

Blickt man in die Geschichte der Elementarpädagogik zurück, lässt sich unschwer erkennen, dass es schon immer ein Ziel war, Kindern den Umgang mit Sprache und Schrift zu ermöglichen: Friedrich Fröbels Sicht der frühkindlichen Entwicklung beinhaltet Anregungen zur Sprachpflege. Maria Montessori sieht einen wesentliche Grundsatz in der Spracherziehung. Sie fordert, Sprache in Verbindung mit konkreten Handlungen zu vermitteln. Die Schreib- und Leseerziehung Montessoris ist bekannt geworden – literale Erziehung ist bei Montessori ein selbstverständlicher Bestandteil der Sprachbildung.

Bilderbuchbetrachtung, Vorlesen, intensive Kommunikation mit den Kindern – all das gehört heute in vielen Kindertagesstätten ganz selbstverständlich zum Alltag dazu, sodass die Frage aufkommen könnte, ob der Begriff „Literacy" nicht nur ein neuer Name für bewährte und altbekannte sprachfördernde Praktiken in Kindertageseinrichtungen ist?

Die Auseinandersetzung mit der sprachlich-literalen Bildung und der Entwicklung der Schriftsprachkompetenz von Kindern ist ein zentraler Aspekt im Bildungsauftrag des Kindergartens. Erkenntnisse der Lernforschung aber auch der Hirnforschung haben deutlich gemacht, wie wichtig es ist, frühkindliche Bildungsprozesse anzuregen. Eine der Schlüsselqualifikationen, die Kinder zukünftig benötigen werden, ist die Lesekompetenz. Als Schlüsselqualifikation wird das Lesen in der PISA-Studie bezeichnet. Lesen, so machte die Studie deutlich, ist auch in der multimedialen Welt *das* Medium, um Ziele zu erreichen,

Wissen zu erweitern, Lösungen zu finden und am gesellschaftlichen Leben teilzuhaben. Deutschlands Schüler haben im Bereich der Lesefähigkeit ein schlechtes Zeugnis ausgestellt bekommen – und auch im Bereich der Lesemotivation sind die deutschen Schüler rekordverdächtig schlecht: 43 Prozent der untersuchten Jugendlichen gaben an, nicht aus Freude zu lesen, sondern nur, wenn's sein muss. Wann geht das Interesse verloren? Denn eigentlich zeigen bereits Kinder ab drei Jahren ein enormes Interesse an Zeichen, Schrift und (Vor)Lesen. Die Bildungspläne und -empfehlungen, die die Umsetzung des Bildungsauftrags im vorschulischen Bereich festschreiben, beinhalten das Aufgreifen dieses kindlichen Interesses und formulieren die Ziele der sprachlich-literalen Grundbildung.

In Tageseinrichtungen bieten sich viele Möglichkeiten, die sprachliche Bildung und die Heranführung der Kinder an schriftsprachliche Kompetenzen durch vielfältige Arrangements in lustbetonte und angemessene Lernerfahrungen umzusetzen. Ein literales Klima und die Integration literaler Grunderfahrungen sichern Kindern einen spielerischen und selbstbildenden Zugang zu Literacy. Literacy-Erziehung in Kindertageseinrichtungen ist alltägliche Bildungsarbeit und beinhaltet:

- Rhythmus und Klang der Sprache zu beachten
- das Sprachförderungspotenzial lyrischer Kinderliteratur zu nutzen
- durch intensives Vorlesen und Erzählen das Sprachbewusstsein und Sprachverständnis der Kinder zu fördern
- mit Hilfe literarischer Texte das Interesse an Sprache zu steigern
- Bilderbücher dialogorientiert zu betrachten
- Texte szenisch zu spielen und zu lesen
- Kindern zu ermöglichen, Schreiben und Schrift entdeckend zu erfahren und Symbole als sprachliche Zeichen zu verstehen
- Medien kompetent zu nutzen
- Zwei- und Mehrsprachigkeit zu schätzen

▓ durch einen selbstverständlichen und sichtbaren und erlebbaren Umgang mit Literatur, Schrift und Zeichen in der Einrichtung ein literales Klima zu schaffen

Die Erzieherin als Entwicklungsbegleiterin des Kindes

In der Praxis gilt es, Methoden und Materialien zu integrieren, die Kinder in der Entwicklung ihrer Sprachkompetenz anregen, das Interesse und die Begeisterung an Zeichen, Schrift und Vorlesen bei Kindern und Eltern zu fördern und damit die Lust an Geschichten und die Liebe zu Büchern zu wecken.

Einige Kinder machen solche Erfahrungen zu Hause, andere erst in der Kindertagesstätte. Und je nach Rahmenbedingungen, Konzept und pädagogischer Kultur machen einige Kinder mehr Erfahrungen, während anderen Kindern eher selten diese Lernchancen geboten werden. Literacy-Erfahrungen sind Lernchancen – und je umfassender und vielfältiger sie in Kindertagesstätten gestaltet werden, desto besser. Damit Kinder Lust und Spaß an der Kultur rund um Sprache und Schrift entwickeln und ihre literale Kompetenz von klein auf entwickeln können, ist eine punktuelle Literaturnutzung nicht ausreichend. Für die Praxis von Kindertagesstätten bedeutet dies – insbesondere für die Aufgabe der Erzieherin – dass es mit einer wöchentlichen Vorlesestunde nicht getan ist – literale Erfahrungen müssen vielfältig in der alltäglichen Praxis einer Einrichtung integriert sein, damit Kinder die Chance haben, ihren individuellen Bedürfnissen entsprechende Sprach-, Schrift- und Lesekompetenzen zu entwickeln. Insbesondere Kinder aus bildungsfernem Milieu oder Kinder aus Migrantenfamilien sind auf eine Literacy-Erziehung im Kindergarten angewiesen, die der Buchkultur und dem Vorlesen einen zentralen Stellenwert beimisst. *„Kinder unterscheiden sich sehr in ihren Literacy Erfahrungen. Je nach Situation in der Familie, sozio-kulturellem Um-*

feld und Betreuungssituation können Literacy-Erfahrungen für Kinder intensiv und vielfältig sein, für andere Kinder jedoch eher beiläufig und sporadisch bleiben. Gerade hier besteht im Bildungssystem Deutschlands eine große Chancenungleichheit zwischen privilegierten und weniger privilegierten Kindern." (Ulich 2003, S. 8) Aufgabe von Erzieherinnen ist es nun, durch die Ermöglichung von Literacy-Erfahrungen wie z. B. Bilderbuch- und Buchbetrachtungen, Reimen, Erzählen etc. allen Kindern den Zugang zu Sprache und Schrift zu ermöglichen.

So benötigt die Praxis Erzieherinnen, die über ein weites und vielfältiges Wissen der Bücherwelten verfügen und lebendige Erlebnisformen von Literacy organisieren können. Wortschatzerweiterung, Sprachgedächtnis und Sprachverstehen über die Verwendung des Bilderbuchs zu fördern liegt nahe, genauso nahe muss es allerdings auch liegen, die Förderung von Medienkompetenz sowie ästhetische und spielerische Erfahrungen mit dem Bilderbuch zu verknüpfen. Anregungen und Impulse möchte ich Ihnen mit dem vorliegenden Buch geben.

Literacy-Erziehung funktioniert nur in einer anregend gestalteten Umgebung mit vielfältigen Materialien. Wichtig sind natürlich Bücher – in allen Formen, für alle Altersstufen und für die Kinder jederzeit griffbereit. Wichtig sind allerdings auch Anregungen durch kulturelle Materialien, in denen sich Schriftlichkeit zeigt:

- Baupläne, Architekturzeichnungen, Stadtpläne, Landkarten, Atlanten
- Plakate von Kunstausstellungen
- Brailleschrift-Zeichen, chinesische Schriftzeichen, Symbolzeichen
- Abbildungen von Wappen, Flaggen, Logos
- Schreibutensilien, sinnliche Schreibmaterialien wie Pinsel, Kohlestifte, Schreib-Gänsefedern und Tinte
- Anlauttabelle, ABC-Plakate, Abbildungen unterschiedlichster Schriftzeichen, Bücher über Schrift und Zeichen

- ABC-Sätze aus Holz, Schreibmaschine, Buchstabenstempel, Lego-Buchstaben-Set, Magnetalphabet, Alphabet-Sockentiere
- Material, das zu graphomotorischen Schwungübungen anregt
- Tacker, Locher, Stempel, Stempelkissen, Büroklammern, Memohalter, Magnettafel mit Magneten, Taschenrechner, Lineal
- Schreibpapier, Hefte, Notitzquader, Klebezettel, Adressaufkleber, kleine Bestellblöcke, Kalenderbücher, Formulare, Fahrtenbücher, Ordner
- Briefkuverts, Luftpostkuverts, Luftpostaufkleber, Briefmarken, Postkarten, Grußkarten

Es ist ein langer Weg vom Interesse an ersten Bildern und Buchstaben über das Lesen- und Schreibenlernen bis hin zum Verstehen unterschiedlicher Texte in Büchern, Zeitungen oder im Internet. In der Tageseinrichtung können Sie Kinder am Beginn dieses faszinierenden Wegs begleiten und unterstützen, und das sollte ein lustvoller, engagierter und alltäglicher Prozess sein.

Sprachlich-literarische Fähigkeiten von Kindern sind mitentscheidend für ihre Bildungschancen. Dementsprechend ist die Tageseinrichtung für Kinder, neben der Familie, ein wichtiger Ort, an dem Kinder frühe Literacy-Erfahrungen entwickeln können.

1 Mit offenen Ohren den Alltag erleben

Sprachverstehen und Sprachbewusstsein

Sprache ist der Schlüssel für Kommunikation und Bildung. Der Sprache mächtig zu werden, sie zu erlernen, ist ein äußerst komplexer Prozess, den Kinder in den ersten Lebensjahren enorm schnell durchlaufen. Mit fünf Jahren verfügen sie bereits über einen Wortschatz von 5000 bis 26.000 Wörtern. Der Prozess des Spracherwerbs verläuft bei jedem Kind sehr unterschiedlich – viele kleine Schritte und Etappen sind auf diesem Weg zu meistern – meistens gelingt dieser Prozess „ganz von selbst" – wenn auch immer häufiger Sprechstörungen bei Kindern zu beobachten sind. Grundsätzlich haben alle Kinder ein natürliches Interesse am Sprechen, an der Sprache. Allerdings weiß man heute, dass Kinder, die in einer „gesprächigen" Umgebung aufwachsen, einen größeren Wortschatz haben als gleichaltrige Kinder mit eher „schweigsamen" Bezugspersonen. Der Spracherwerb wird angeregt durch kommunikative Situationen in vielfältigen Handlungszusammenhängen. Kinder setzten sich aktiv und neugierig mit ihrer Umwelt auseinander: und zwar von Anfang an, denn die Sprachentwicklung beginnt lange vor dem ersten Wort, das ein Kind spricht. Säuglinge beobachten die Mimik und Gestik ihrer Bezugspersonen und reagieren darauf. Diese nonverbalen Kommunikationsformen, das allmählich wachsende Verständnis von Signalen, die über Körper und Gesicht gesendet werden, ist zentraler Bestandteil der Sprachentwicklung. Ebenso wichtig ist die Wahrnehmung akustischer Signale: Die gesprochene Sprache, ihren Klang und Rhythmus, nimmt das Kind bereits im Mutterleib wahr. In den ersten Wochen reagieren Säuglinge auf Töne und Geräusche, bevor sie mit drei Monaten selbstständig Laute modulieren. Über das Ohr werden (Sprach-)Laute aufgenommen, zum Gehörnerv weitergeleitet und im Hör- und Sprachzentrum des Gehirns entschlüsselt. So entwickelt das Kind im Dialog mit seiner Umwelt allmählich seine (sprachlichen) Kompetenzen, *„ausgestattet mit einem reichen Verhaltensrepertoire zum sozialen Austausch sowie mit einer fast grenzenlosen Lernkapazität – vorausgesetzt, die „Umwelt" bietet die für einen Erfahrungsgewinn nötigen Sinneseindrücke liebevoll zugewandt und angemessen."* (Haug-Schnabel/ Bensel 2005, S. 34) Kinder brauchen Menschen, die ein ernsthaftes Interesse daran haben, was sie fühlen, denken und sprechen. Sie brauchen Bezugspersonen, die ihnen zuhören, die sie aussprechen lassen. Das heißt, Grundvoraussetzung für alle sprachbewussten Aktivitäten in der Kindertagesstätte sind „offene Ohren" – das gilt für die Kinder genauso wie für die sie betreuenden Erwachsenen.

Der Gehörsinn gehört, neben dem Tastsinn, zu den Sinnen, die am frühesten ausgebildet werden. Die Wahrnehmung und

Verarbeitung von akustischen Sinnesreizen umfasst, genau betrachtet, eine Vielzahl relativ komplizierter Vorgänge:

- Auditive Aufmerksamkeit: die Fähigkeit, hinzuhören, zuzuhören, zu lauschen – sich konzentriert Hörreizen zuzuwenden.
- Auditive Lokalisation: die Fähigkeit, zu erkennen, aus welcher Richtung der Hörreiz kommt.
- Auditive Figur-Grund-Unterscheidung: die Fähigkeit, „wichtige" von „unwichtigen" Hörreizen zu unterscheiden, d. h. z. B. in einem Raum mit hohem Geräuschpegel die Stimme der Mutter zu erkennen.
- Laute erkennen und unterscheiden: Die Sprachentwicklung beginnt nicht mit dem ersten Wort, sondern mit dem Erkennen von Lauten. Die kleinste sprachliche Einheit ist der Laut (der übrigens nur in der verschriftlichten Sprache als Buchstabe bezeichnet wird, Laute werden auch als Phoneme bezeichnet, man unterscheidet Konsonanten und Vokale). Grundlage der Sprachentwicklung ist, dass Laute und Lautabfolgen vom Kind richtig wahrgenommen, differenziert und artikuliert werden. Um seine Muttersprache zu lernen, muss ein Baby erst einmal das Klangbild und Betonungsmuster erschließen, das in seiner sprachlichen Umgebung gilt.

  Erkennen Kinder die Lautstruktur der gesprochenen Sprache, wissen sie nicht nur, was das Wort bedeutet, sondern können die formale Struktur erkennen, die unsere Sprache prägt. Dies wird als phonologische Bewusstheit bezeichnet und zeigt sich in den Fähigkeiten: Wörter in Silben zu gliedern (Flie-gen-pilz), Laute heraushören zu können (z. B. gleiche Anlaute zu erkennen: „Gustav gähnt" oder ähnliche zu unterscheiden: „Papas Bauch"), Reime zu erkennen (Hand, Sand, Wand, Land).
- Gehörtes erinnern: ein Hörreiz wird nicht automatisch gespeichert, man muss sich an Gehörtes erinnern. Ideales und von Kindern viel geliebtes Hilfsmittel ist der Reim.

▨ Gehörtes inhaltlich einordnen: Geräusche, Gehörtes können wir erst verstehen, wenn wir es einem Sinn zuordnen können.

Im Folgenden möchte ich einige „akustische Wahrnehmungsspiele" – förderlich im Hinblick auf die Sprach- und Sprechkompetenz – vorstellen. Auf eine Altersangabe habe ich verzichtet, denn grundsätzlich sind alle Kinder „gute Hörer" (sofern keine organischen Beeinträchtigungen vorliegen), sie haben Lust, spielerisch zu hören und zu lauschen. Jedes Kind bringt jedoch unterschiedliche Vorerfahrungen mit, hat unterschiedliche Anregungen oder Herausforderungen in diesem Bereich erfahren. D. h. die Angebote sollten individuell und situativ angemessen zum Einsatz kommen.

Auditive Aufmerksamkeit

Hörmemory
24 Fotodöschen paarweise mit sehr unterschiedlich klingenden Materialien füllen: zerschnittene Gummibänder, Reiskörner, Streichhölzer, kleine Nägel, Stecknadeln, getrocknete Erbsen, Zucker, Holzperlen, handgemachtes Papierkonfetti aus dem Locher. Die Kinder ordnen die passenden Geräuschpaare einander zu, wobei sie durch die gleiche Markierung am Dosenboden selbst die Richtigkeit überprüfen können. Spielvariante: die Geräusche in der Reihenfolge von leise nach laut ordnen.

Flüsterrohr
Geflüsterte Worte wahrzunehmen erfordert konzentriertes Hören. Als Impuls hat jedes Kind ein Flüsterrohr (längere Pappröhre). Im Kreis sitzend, flüstern Sie dem Kind das neben Ihnen sitzt, durch das Flüsterrohr ein Wort ins Ohr. Dieses flüstert das Gehörte durch sein Rohr ins Ohr des neben ihm sitzenden Kindes usw.

Wenn die Flüsterei bei Ihnen angekommen ist, sagen Sie das Wort laut.

Auditive Lokalisation

Das Richtungshören fördern so traditionelle Spiele wie „Hänschen Piep einmal" oder „Jakob, wo bist du?".

Auditive Figur-Grund-Unterscheidung

Wer spricht?
Ein kurzer Text, ein Abzählvers oder eine Formulierung, die sich die Kinder ausgedacht haben, wird von verschiedenen Personen auf Kassette aufgesprochen. Die Aufnahme wird abgespielt und das Publikum errät, wer da spricht. Bei diesem Spiel ist darauf zu achten, dass allen Mitspielern alle Stimmen der Sprachaufzeichnungen bekannt sind. Für Kinder ist es ein Erlebnis, ihre Sprache vom Kassettenband gespeichert abzuspielen und sich selbst zu hören.

Lautunterscheidung

Phonologische Bewusstheit ist eine bedeutende Voraussetzung, um schreiben und lesen zu lernen. Ein wichtiger Grund also, dass Kinder diese Fähigkeiten, die alle spielerisch zu vermitteln und zu erleben sind, vor dem Eintritt in die Grundschule ausbilden können. Zumal Kinder über eine Art natürlichen Sprachinstinkt verfügen, der ein sensibles Verständnis für Reime und Anlaute zeigt. Die Dimension dieses angeborenen Sprachinstinkts wird durch eine sprachlich anregende Umgebung unterstützt und erweitert. Je intensiver wir die kindliche Freude an Lautmalerei, Reimen und Anlauten inspirieren, desto erfolgreicher wird sich ihre sprachlich-literarische Grundbildung entwickeln.

Silbenspiele

Namen klatschen
Ein Kind spricht seinen Namen. Ein Erwachsener spricht ihn in gut betonten Silben und klatscht dazu in die Hände. Alle Kinder sprechen und klatschen den Namen gemeinsam. Das Spiel geht reihum, bis alle Namen in Silben geklatscht sind.

König, wie viele Schritte darf ich gehen?
Auch Bewegungen sind im Silbenmaß umzusetzen: Ein Kind ist der König. Er steht einige Meter von den anderen Mitspielern entfernt, die in einer Reihe nebeneinander stehen und hat ca. 40 verdeckte Bildkarten vor sich liegen. Der erste Spieler fragt: „König, wie viel Schritte darf ich gehen?" Der König dreht eine der Karten um. Er betrachtet die Abbildung und antwortet beispielsweise: „So viel Schritte, wie das Wort Lo-ko-mo-ti-ve Silben hat." Alle Kinder skandieren das Wort und klatschen bei jeder Silbe in die Hände. Dabei geht der Spieler, der gefragt hat, die entsprechende Anzahl von Schritten vorwärts.

Die Wortkarten können mit Zeichnungen oder ausgeschnittenen Abbildungen versehen sein. Dabei ist auf eine ideale Mischung von ein- und mehrsilbigen Begriffen zu achten.

Bei Brettspielen mit ausreichend vielen Feldern können solche Bildkarten den Würfel ersetzen und die Zugweite bestimmen: jede Silbe bringt dann die Spielfigur ein Feld weiter.

Wer hat den Keks geklaut?
Die Spieler sitzen im Kreis. Zu Beginn wird der erste Name, der ins Spiel kommt, festgelegt. Zu jeder Silbe des Sprechtexts wird im einheitlichen Rhythmus abwechselnd auf die Knie gepatscht und in die Hände geklatscht.

Alle: „Wer hat den Keks aus der Dose geklaut?" „Rita hat den Keks aus der Dose geklaut." Rita: „Wer, ich?"

Alle: „Ja, du!"

Rita: „Niemals"
Alle: „Wer dann?"
Rita nennt einen neuen Namen aus der Runde: „Hannes"
Dann wird wieder von vorne begonnen.
Alle: „Hannes hat den Keks …" usw.
Das rhythmische Sprachspiel wird so lange weitergespielt, bis alle Namen in der Runde genannt sind.

Anlaute erkennen

Namen erraten
Sie sprechen deutlich und gedehnt den ersten Laut, mit dem der Name eines der im Kreis sitzenden Kinder beginnt. Die versuchen zu erraten, welcher Name gesucht ist. Beginnt ein Name mit einem Verschlusslaut (p,t,b,d,g,k) sprechen Sie diesen Laut wiederholt aus: beispielsweise „T-t-t-t!" Benennen Sie die Anlaute immer wieder und versuchen Sie, mit den Kindern die Namen zu finden, die mit dem gleichen Laut beginnen.

Bilder erkennen
Bildkarten, deren Abbildungen mit dem gleichen Anlaut beginnen, werden gemischt, die Kinder benennen, was zu sehen ist und Sie sprechen den Anlaut des abgebildeten Worts deutlich und langsam aus.

Anlaute klauen
Stellen Sie den Kindern Worte vor, bei denen sich durch die Wegnahme des Anlauts ein neues Wort bilden lässt, beispielsweise R-eis, f-liegen, B-rot, P-insel, H-und, M-aus. Die Kinder benennen den Laut, der dem neuen Wort fehlt.

Anlaute verzaubern
Aus der Nuss wird ein Bus. Hokus pokus fidibus: aus der Maus wird ein Haus …

Reime erkennen

Die Klangform von Reimen ermöglicht Kindern, parallel verlaufende Lautstrukturen als sprachliches Prinzip zu entdecken und anzuwenden.

Reim-Bild-Memory

Fertigen sie hierfür Memory-Kärtchen mit Bild-Reimpaaren an: Rose-Hose, Tisch-Fisch, Sonne-Tonne, Herd-Pferd, Schrank-Bank, Wanne-Kanne, Kasse-Tasse, Berg-Zwerg, Haus-Maus, Hase-Nase, Knopf-Topf, Wiege-Ziege, Schild-Bild, Tuch-Buch, Schuh-Kuh, Kutsche-Rutsche, Pfütze-Mütze, Turm-Wurm, Hund-Mund.

Regen Sie die Kinder immer wieder an, selbst Reime zu erfinden und nutzen Sie originelle, motivierende Texte, in denen fehlende Reimworte eine Ergänzung fordern.

Gehörtes inhaltlich einordnen

Geräuschetheater

Alltägliche Geräusche werden hinter einem Tuch versteckt produziert und von den Kindern erraten.

- Flüssigkeit in einen Behälter gießen
- Papier zerreißen
- mit der Schere schneiden
- mit einem Stift kritzeln
- ein Streichholz anzünden
- eine Kerze ausblasen
- in einen Apfel beißen
- einen Würfel über den Tisch rollen
- in einem Buch blättern
- eine Murmel in der Kugelbahn rollen lassen
- einen Ball prellen
- einen Turm bauen und umstoßen

- ein Aufziehspielzeug aufziehen und ablaufen lassen
- eine Fahrradklingel betätigen
- einen Regenschirm aufspannen
- die Nase putzen
- die Hände flach zusammenschlagen
- mit den Füßen stampfen
- mit der Zunge schnalzen
- mit den Lippen schmatzen

Mit der Zeit werden die Kinder geübte Zuhörer und suchen sich als Akteure selbst gern Geräusche aus, mit denen sie das Programm des Geräuschetheaters umgestalten und selbstbestimmt inszenieren können.

Gehörtes erinnern

Hör-Kim

Hierzu werden eine überschaubare Anzahl von Geräuschen, Klängen oder Stimmen aus dem Umfeld der Kinder auf Kassette aufgenommen; beispielsweise das Brummen des Teddybären, eine Kinderstimme, ein bimmelndes Glöckchen ein bellender Hund, ein Flötenton. Diese Serie wird für das Hör-Kim noch einmal aufgenommen: allerdings fehlt bei dieser zweiten Geräuschreihe ein Geräusch (weil der Geräuschezwerg es sich geholt hat), oder es ist durch ein anderes ausgetauscht. Die Kinder werden die Ohren spitzen und die Lösung heraushören. Beim ersten Hör-Kim sollte man mit wenigen Geräuschaufnahmen beginnen und die Anzahl langsam steigern.

2 Mit allen Sinnen die Sprache erfahren

Das ästhetische Wiesel

Ein Wiesel saß auf einem Kiesel
inmitten Bachgeriesel.
Wißt ihr weshalb?
Das Mondkalb verriet es im Stillen:
Das raffinierte Tier
tat's um des Reimes Willen.   Christian Morgenstern

Rhythmus und Klang in Versen, Reimen und Gedichten

Kinder sind für Melodie und Rhythmus der Sprache sehr empfänglich. Die Lust an der Verdoppelung gehört zum Beispiel zu unseren frühesten Erfahrungen mit der Sprache. „Mama" ist häufig eines der ersten Wörter, das Kinder sprechen. Es folgen „wauwau", „dada", „lala" – Silbendoppelungen prägen den frühkindlichen Sprachgebrauch.

In unserer Sprache entsteht der Sprechrhythmus aus langen und kurzen Vokalen, aus betonten und unbetonten Silben. Melodie, Rhythmus und Akzentuierung sind die Klangmerkmale der deutschen Sprache. Diese Klangmerkmale können kaum besser als mit Fingerspielen und Reimen, durch Spielverse, Spiellieder und Gedichte vermittelt werden. Kinder werden auf diese Weise spielerisch mit dem Klang der Sprache vertrauter. Stab- und Endreime, Abzählverse und Lieder aktivieren expressives Sprechen und regen Kinder an, sich sprachlich auszudrücken. Dass Kinder Sprachklang, Sprachrhythmus und Reim erleben, ist entscheidend für die spätere Literarisierung.

Sprachförderung erfordert stets ganzheitliches Lernen mit allen Sinnen. Sprache, Motorik und Sinneswahrnehmung sind voneinander abhängig. Daher wecken Fingerspiele und Verse, Reime und Gedichte ganz spielerisch die Lust am Sprechen. Sprache in Bewegung erleben, das heißt, mit dem ganzen Körper, mit Stampfen, Klatschen oder Hüpfen, Singen oder Gehen dem Rhythmus und dem Takt der Sprachstruktur folgen. Reime sind nicht nur lustig und machen Spaß, sie lassen sich auch gut merken, können leicht erinnert und vielfach wiederholt werden – und Kinder lieben die Wiederholung von Aktionen, die ihnen Spaß machen. Bei Reim- und Sprachspielen und Gedichten steht nicht der „Sinn" im Vordergrund, das Verstehen, sondern es geht um Gefühle – wenn Kinder sich in bekannten Versen oder Gedichten sicher fühlen, wenn sie sich erinnern und wiederholen können, was sie schon können, finden sie einen anheimelnden Zugang zum Sprechen und zur Sprache. In der Praxis geht es darum, mit Spaß, Fantasie und Spinnereien die kreative Lust am Spiel mit der Sprache zu fördern – Unsinn ist erlaubt! Erfinden ist möglich! Schaffen Sie den Kindern eine Umgebung, in der sie die Sprache entdecken, pflegen, kommunikativ und lustvoll zum Einsatz bringen können, ohne Defizite zeigen zu müssen. Es geht darum, Sprache zum Klingen zu bringen, zu gestalten, zu verändern. Denn wenn Kinder ihren Alltag expressiv und kommunikativ erleben, so ist das ein starker Motor für ihre Sprachentwicklung.

Reime in Bewegung

In der Entwicklungsphase, in der Kinder Reimen zuhören, Verse nach- und mitsprechen, wird ihr Gehör sensibilisiert für die Klanggestalt der Sprache. Diese Klanggestalt wird später beim eigenen Lesen zur inneren Sprache. Diese erzeugt in uns die Vorstellungskraft, die Texte beim Hören oder Lesen lebendig werden lässt.

Insbesondere Kinder, die noch keine Schriftzeichen dechiffrieren können, leben in einer stark mündlich geprägten Kultur, und Reime und Gedichte sind zum Sprechen da. Wiederkehrende Reime und Rhythmen empfindet ein Kind als Zuwendung und Bestätigung. Sein intensives Bedürfnis nachzuahmen ist der Motor, die Sprache zu erlernen und auch seinen Körper zu beherrschen, Gefühle zu äußern und zu kommunizieren. Somit bieten sich rhythmische Spiel- und Sprechverse im Kontext der Sprachförderung besonders an, da eine Einheit von Handeln und Sprechen gefordert ist, die dem Kind zu einer authentischen Aussprache verhilft.

Oft wird die Pflege des Reims zu früh beendet. Kinder behalten ihr ursprüngliches Vergnügen an der Verbindung von Sprechen und Bewegung bis ins Schulkindalter. Beim Älterwerden ändern sich lediglich die Textinhalte und Bewegungsabläufe. Rhythmus, die elementarste Wirkung des Reims, machen sich heute Jugendliche beim virtuosen Sprechen von RAP-Texten zu Eigen.

„Der Kinderreim ist heute die einzige poetische Form, deren unmittelbarer Nutzen auf der Hand liegt. Er wird gebraucht. Alles ist noch unentdeckt. Das eigene Gesicht, die eigenen Finger, die Tiere, die Jahreszeiten, das Wetter, die Berufe. Der Reim verhilft dem Kind dazu, sich in dieser Welt einzurichten, ihrer Herr zu werden." (Enzensberger 1963, S. 106)

Im Kinderreim treffen wir häufig die Form, in der die Reimsilben vollkommen übereinstimmen: Brücke, Lücke, Mücke, Krücke. Er vermittelt Kindern Verständnis für die Regelmäßigkeit, in der Wörter mit der gleichen Schlusseinheit enden. Und da Wörter, die sich reimen, häufig mit den gleichen Buchstaben enden, erspüren und erkennen Kinder den Zusammenhang, dass gleiche Laute ein gemeinsames Buchstabenmuster haben.

Verse und Reime mit Bewegungen in Klein- und Grobmotorik sollten Kinder auch als Fingerspiele und Klatschspiele, Abzählverse, Lieder und Rätsel erleben. Die Verbindung von Sprache und Bewegung wirkt äußerst positiv und entwicklungsfördernd in das kindliche Sprachverhalten hinein. Die Pflege des Reims bedarf sprachlicher Kommunikation zwischen Erwachsenem und Kind und den Kindern untereinander.

Reimspiele

Der Mond ist rund, rund, rund.
Er hat zwei Augen, Nase, Mund.

Gestik und Bewegung:
rund, rund rund: Mit den Armen dreimal groß kreisen
Augen: Die Hände vor die Augen legen
Nase: Mit zwei Fingern der einen Hand den Nasenrücken entlangstreichen.
Mund: Mit der anderen Hand die Mundlinie nachfahren.
– Wird der Reim chorisch gesprochen, stehen sich zwei Gruppen gegenüber: Gruppe A spricht die erste Zeile mit der zugehörigen Gestik. Gruppe B die zweite mit der entsprechenden Gestik.
– Wird der Reim im Kanon gesprochen, spricht Gruppe A den Vers mit Gestik alleine zweimal durch. Wenn sie beim dritten Mal spricht „Er hat zwei …", fängt Gruppe B von vorne an.

Um zu einem effektvolle Ende des Sprechkanons zu kommen, ruft man nach drei vollen Durchgängen der Gruppe B gemeinsam: „Halt den Mund!"

Rätsel

Möcht' wohl wissen, wer das ist,
der immer mit zwei Löffeln frisst. (Hase)
Welche Mäuse, rate mal,
fliegen über Berg und Tal? (Fledermäuse)
Hat kein Anfang und kein Ende,
doch schmückt er die Hände. (Ring)
Wer geht durch's Fenster und
zerbricht es nicht? (Sonnenstrahl)
Er ist rund und ist bunt.
Er kann hüpfen und auch fliegen und
in deinen Händen liegen. (Ball)

Abzählverse

Flapperflügel, fledrig, flattrig,
Vollmondnebel feucht und schattig
düster mags die Fledermaus
flatter flapp und du bist raus!

(aus: Anke Kuhl: Ene mene Muh.
Abzählreime mit und ohne Kuh. Fischer Tb 2002)

Eisbär, Elch und Elefant
gingen einmal Hand in Hand.
Jeder hinkt dabei – und du bist frei.
Sahnetorte, Apfelkuchen,
einer muss die andern suchen.
Hasenbraten, Gänseklein –
du musst sein.

(aus: Irmela Brender: War mal ein Lama in Alabama.
Allerhand Reime in Gedichten und Geschichten. Oetinger 2001)

Klatschspiel

Aram sam sam, aram sam sam
guli guli guli guli
Ram sam sam.
Arafi, arafi
guli guli guli guli
Ram sam sam!

Bewegungsabfolge:
Bei „A": beide Arme leicht angewinkelt hoch halten
Bei „ram-sam-sam": mit beiden Händen im Rhythmus auf die
Oberschenkel klatschen
Bei „guli" (4x): beide Unterarme kreisend umeinander drehen
Bei „Arafi": Arme hochstrecken und von oben auf die Ober-
schenkel klatschen.

Fingerspiele

„Toc, toc, toc!"
(Die Hände liegen flach aufeinander in der Gebetsform.
Die kleinen Finger klopfen mehrmals aneinander)
„Qui est lá?"
(Die Daumen klopfen mehrmals aneinander)
„Cést moi!"
(Die Ringfinger klopfen mehrmals aneinander)
„Entrez!"
(Die Zeigefinger klopfen mehrmals aneinander)
„Bonjour Madame!"
(Die Mittelfinger kreuzen sich auf einer Seite über der Hand)
„Bonjour Monsieur!"
(Die Mittelfinger kreuzen sich auf der anderen Seite über der Hand)

Zungenbrecher

In den Regenrinnen wohnen Regenspinnen
tanzen auf den Tropfen und tun Socken stopfen
denn in Regensocken bleiben Spinnen trocken.

Schnecken erschrecken, wenn Schnecken an Schnecken schle-
cken, weil zum Schrecken vieler Schnecken Schnecken nicht
schmecken.

Malverse

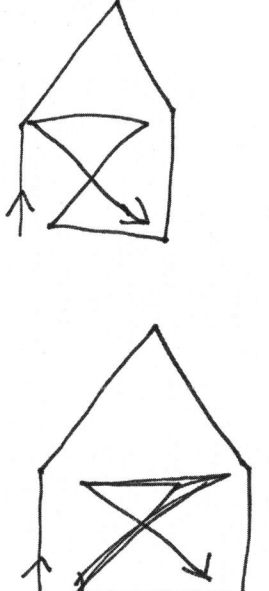

Das
Ist
Das
Haus
Vom
Ni-ko-laus

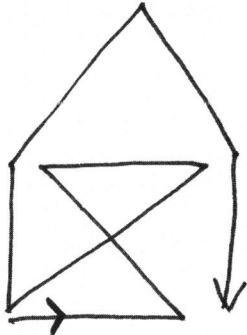

Zu jeder Silbe wird ein Strich gezogen. Der Strich darf weder
unterbrochen noch doppelt gezeichnet werden.

Unsere Finger drücken wir
auf ein weißes Blatt Papier.
Vorn ein kleines Viereck dann.
Hinten Ringelschwänzchen dran.
Einen kleinen Punkt dazu.
Nebenan ein großes U.
Unterm Bauch vier flinke Beinchen.
Fertig ist das kleine Schweinchen.

Gedichte in der Kita

„Gedichte sind nicht rezeptpflichtig. Wer sollte die Gedichte auch verschreiben? Ich, du oder Müllers Kuh?", fragt sich Joachim Gelberg in seinem Werkstattbuch „Aller Dings" (Weinheim 1986).

Gedichte aber sind ein Lebens-Mittel für Kinder, sie machen Sprache lebendig. In der Lyrik wird mit wenigen Worten viel gesagt. In einer einzigen Strophe kann eine ganze Stimmung eingefangen sein. Das Spektrum der Kinderlyrik ist breit, in ihren Themen begegnet das Kind der Welt. Die Welt erscheint dabei nicht als kindische Welt, sondern spiegelt zum einen kindliche Vorstellungswelten und zum anderen Realität wider.

Zuwendung und Zärtlichkeit, Freude und Streit, Natur und Technik: kaum ein Thema ist undenkbar.

Ihren vielfältigen Gebrauch fordert Kinderlyrik geradezu heraus. Da wird mehr als die Welt beschrieben. Es wird unterhalten, erklärt und belehrt, gesungen, schnellgesprochen, ausgezählt, bewegt, geraten und getanzt. All das zaubert die Sprache vor. Mit ihren wesentlichen Elementen, Klang und Rhythmus, darf experimentiert werden, darf schöpferisch gearbeitet und auch originell umgegangen werden.

Kinder können also Worte aufgreifen, lautmalerisch interpretieren, verfremden und für sich verwenden. Solche eigenen Spracherfindungen sollen von Erwachsenen unterstützt und angeregt werden. Reime und Gedichte, so wie bewegte Spiellieder und lustige Spielverse fördern die Fähigkeiten des Kindes, mit Sprache kreativ umzugehen.

Kinder reimen gern, ergänzen Sätze oder suchen nach Wörtern, die sich reimen. So entsteht Neues, bisweilen auch holpriges oder eigenständig Eigensinniges. Einer sagt Berg, dann kommt der Zwerg, dazu der Lerk und der Ferk. Inhaltliches ist erst einmal nicht so wichtig.

Zum Reime finden, und selber dichten:

Du bist da und ich bin hier.
Du bist da und ich bin hier.
Du bist Pflanze, ich bin …
Du bist Riese, ich bin Zwerg.
Du bist Tal, ich bin …
Du bist leicht und ich bin schwer.
Du bist voll, und ich bin …
Du bist heiß, und ich bin kalt.
Du bist jung, und ich bin …
Du bist sie, und ich bin er.
Du bist Land, und ich bin …

Du bist dunkel, ich bin hell.
Du bist langsam, ich bin …
Du bist schmal, und ich bin breit.
Du bist Anzug, und ich bin …
…
Du bist einsam, ich allein
Komm, wir wollen Freunde sein.
(Frantz Wittkamp, Du bist da und ich bin hier. 1991 Beltz & Gelberg in
der Verlagsgruppe Beltz, Weinheim & Basel)

Klangschön und bildhaft funktioniert der Reim bestens auch
ohne Logik. Es darf Sprachunsinn gespielt und gemalt werden
mit Silben und Lauten:

Eni beni suptraheni,
divi davi domi neni,
ecca brocca, casa nocca,
zingele, zangele, dus.

Lässt sich der Reim wunderbar schütteln, heißt er Schüttelreim:

Es klapperten die Klapperschlangen,
bis ihre Klappern schlapper klangen.

Der Schnee in meiner Stube taut,
der Senf sich in der Tube staut.

Gerade in unserer flüchtigen und schnelllebigen Welt ist es für
Kinder ein Erlebnis, die exakte und verdichtete Sprache von Kin-
dergedichten zu erfahren. Sie durchbrechen das routinierte
Wahrnehmen und erzeugen Vorstellungen dessen, das sie in den
Blick rücken. Aus der Vielzahl wunderschöner Kindergedichte
(Hinweise auf geeignete Lyrik-Anthologien in der Bibliographie
auf S. 128ff.) möchte ich Ihnen einen „Klassiker" vorstellen:

Das Feuer

Hörst du, wie die Flammen flüstern,
Knicken, knacken, krachen, knistern,
Wie das Feuer rauscht und saust,
Brodelt, brutzelt, brennt und braust?

Siehst du, wie die Flammen lecken,
Züngeln und die Zunge blecken,
Wie das Feuer tanzt und zuckt,
Trockne Hölzer schlingt und schluckt?

Riechst du wie die Flammen rauchen,
Brenzlig, brutzlig, brandig schmauchen,
Wie das Feuer, rot und schwarz,
Duftet, schmeckt nach Pech und Harz?

Fühlst du, wie die Flammen schwärmen,
Glut aushauchen, wohlig wärmen,
Wie das Feuer, flackrig-wild,
Dich in wärme Wellen hüllt?

Hörst du, wie es leise knackt?
Siehst du, wie es matter flackt?
Riechst du, wie der Rauch verzieht?
Fühlst du, wie die Wärme flieht?

Kleiner wird der Feuersbraus:
Ein letztes Knistern,
Ein feines Flüstern,
Ein schwaches Züngeln,
Ein dünnes Ringeln –
Aus.

(aus: © James Krüss 2001, Der wohltemperierte Leierkasten, erschienen im C. Bertelsmann Jugendbuch Verlag, München, einem Unternehmen der Verlagsgruppe Random House GmbH)

Handlungsbezogene Methoden zum Einsatz von Gedichten

Gedichte sollte man sprechen und anderen dabei zuhören. Kinder bekommen sie vorgelesen, vorgetragen, und bald sprechen sie das Gehörte und Erlebte mit und können einen Vers auch alleine wiedergeben. Gedichte können aber auch auf andere Weise zum Einsatz kommen:

- Zu Gedichten wird gemalt, Musik gemacht. Ihr Vortrag wird mit Klanginstrumenten untermalt.
- Gedichte kann man in Szene setzen: Gedichte werden auf einer kleinen Bühne ausgestellt: Dinge, die darin erwähnt werden oder die darin vorkommenden Symbole werden auf ein Tuch drapiert, der Text liegt dabei: in einer Dose, auf ein schönes Papier geschrieben, oder in einem Rahmen präsentiert.
- Gedichte, Reime und Fingerspiele werden fester Bestandteil in der Festgestaltung

3 „Noch eine Geschichte bitte!"

Vorlesen – erste Begegnungen mit der Schrift- und Buchkultur

Die Vermittlung von Informationen über die Stimme ist die Urform, Erfahrungen und Geschichten weiterzugeben. Sprache ist ein Mittel der Verständigung, ist die Fähigkeit, sich anderen mitteilen zu können. Um das gesprochene Wort dauerhaft festhalten zu können wurde die Schrift erfunden. Je früher Kinder erleben, dass die Schriftsprache ein bedeutsames Kommunikationsmittel ist, desto mehr werden sie sich für den Umgang mit Printmedien interessieren.

Kinder orientieren sich an Erwachsenen, diese sind Vorbilder und geben durch ihre Buchkultur und ihre Nutzung von

Printmedien Rollenmodelle vor. Kinder profitieren für ihren späteren Umgang mit Schriftkultur, wenn sie von klein auf sehen und miterleben, dass Bücher und Lesetätigkeiten im Alltag eine Bedeutung haben und selbstverständlich und vielfältig genutzt werden. Durch das Vorlesen erfahren Kinder früh, dass gedruckten Texten eine Bedeutung entnommen werden kann.

Der primäre Weg, Kindern Literatur zu vermitteln ist das Vorlesen. Beim Vorlesen und Betrachten von Büchern wirken Situation, Personen und Text zusammen und konstruieren eine Art Zwischenwelt. Das Vorlesen oder Erzählen hat dabei die Funktion einer Brücke zwischen einer schriftsprachlich festgehaltenen Vorgabe und den zuhörenden Kindern, denen vor allem die mündliche Sprache vertraut ist. Insofern bewegt sich das Vorlesen von Bilderbüchern und Texten zwischen Mündlichkeit und Schriftlichkeit und macht Kinder im Kindergartenalter mit dem Lernprozess vertraut, der sie mit dem Eintritt in die Grundschule erwarten wird, dem Übergang von der Mündlichkeit zur Schriftlichkeit.

Beim Vorlesen von Bilderbuchgeschichten und Erzähltexten erhält ein schriftsprachlicher Text eine Stimme. Durch den Akt des Vorlesens, d. h. durch die Varianten der Stimme, durch Gestik, Mimik, Tempo und Pause, wird der Text in einer spezifischen Art und Weise lebendig.

Die Stimme: das Kostüm der Vorleserin

Überprüfen Sie regelmäßig Ihre Vorlesekompetenzen und arbeiten Sie an den Ausdrucksfähigkeiten ihrer Stimme. Die Beweglichkeit aller am Sprechen beteiligten Organe ist die Voraussetzung für eine deutliche Artikulation:

- Üben Sie eine klare Aussprache, indem Sie mit einem Kork im Mund einen Text sprechen und versuchen, trotz des Korks deutlich zu sprechen.

- Üben Sie ihre Artikulationsfähigkeiten, indem Sie Zungenbrecher sprechen. Das fördert die Beweglichkeit der Zunge und Lippen, die zu Ihren Sprechwerkzeugen gehören.
- Für den Klang der Sprache haben die Vokale eine wichtige Funktion. Ihre Artikulationsfähigkeit von Vokalen können Sie beispielsweise überprüfen und üben, indem Sie den Text des Lieds „Drei Chinesen mit dem Kontrabass" laut sprechen.
- Zum Vorlesen wörtlicher Rede sollten Sie Ihre Stimme verändern können. Damit werden das Wesen und die Emotionen handelnder Personen und unterschiedliche Stimmungen eines Textes lebendig. Wie sie differenzierte Klangbotschaften vermitteln, können Sie üben, indem Sie einfache Sätze, beispielsweise „Das musste ja so kommen" oder Slogans wie „Milch macht müde Männer munter", in unterschiedlichen Stimmungen sprechen: gelangweilt, wütend, erfreut, ängstlich, nervös, weinend usw.
- Suchen Sie sich einen Gegenstand aus und verleihen Sie ihm eine Stimme. Sprechen Sie wie ein Salatsieb, eine Sicherheitsnadel, eine Rose, ein Hammer, ein Kissen …
- Lautstärke, Tempo und Pausen sind dramaturgische Elemente in der sprachlichen Gestaltung eines Textes.
  Erproben Sie die Veränderung der Lautstärke, indem Sie sich auf den Boden setzen und das Wort „Strumpf" vor sich hin flüstern. Werden Sie langsam aber stetig lauter. Erheben Sie sich dabei, zuerst auf die Knie, dann auf die Füße, bis Sie mit ausgestreckten Armen auf den Zehenspitzen stehen. Dann werden Sie parallel zu ihren Bewegungen wieder leiser.
- Üben Sie das Ver-lang-sa-men und Beschleunigen ihrer Sprache, indem Sie einen Zeitungstext laut vorlesen.

Worauf es beim Vorlesen ankommt

Vorlesen und die Vorlesesituation unterscheiden sich von der Betrachtung einer Bilderbuchgeschichte. In erster Linie geht es darum, Kindern einen Text zu Gehör zu bringen, ohne dabei das Auge schweifen zu lassen.

Vorlesen ist ein Zusammenspiel zwischen Leser, Hörer und Literatur. Bei Kindern sollte die Kommunikation zwischen diesen Dreien durch Dichte und Zufriedenheit bestimmt sein. Das Thema muss interessieren und: beim Vorlesen arbeitet die Fantasie.

Mit dem Vorlesen sollten Kinder keine Situation verbinden, in der ihnen Fragen gestellt werden, sondern vielmehr eine Zeit der Sammlung, der Ruhe und auch des In-Ruhe-gelassen Werdens. Kinder möchten in Geschichten eintauchen und ihre Assoziationen zum Gehörten frei entwickeln. Wer Leseerfahrung hat, weiß, dass die Vorstellungskraft sich am besten in Ruhe und ungestört entfaltet. Einen solchen „Vorstellungsraum", in dem die Kinder ihre Ideen, Bilder und Wünsche ungezügelt und unkontrolliert schweifen lassen können, sollten Sie durchs Vorlesen eröffnen.

Wenn Vorlesen einen Beitrag für ein positives Leseklima leisten soll, muss es für Kinder als literarische Geselligkeit und Unterhaltung und nicht als Inhaltsvermittlung oder Wortschatzübung erlebbar sein. Kinder brauchen das Zutrauen der erwachsenen Vorleser, dass sie selbst die Fragen stellen werden, die für ihr Verständnis des Vorgelesenen wichtig sind. Die pädagogische Aufgabe besteht darin, die Situation und die Umgebung so zu gestalten, dass die Kinder Gelegenheit zum Fragen haben. Das heißt: dauerhaft und verlässlich vorlesen, reflektiert und liebevoll für die Entwicklung der Lesefreude sorgen.

■ Pflegen Sie Rituale für das Vorlesen: Feste Situationen und Zeiten garantieren den Kindern, dass ihre Vorlese-Erlebnisse gesichert sind. Eine Vorlese-Flagge signalisiert z. B.: jetzt geht's gleich los. Eröffnen Sie die Vorlesezeit mit einem kleinen Ritual: zünden sie etwa zu Beginn der Geschichte eine

Kerze an oder legen Sie stets einen Gegenstand, der in der Geschichte eine Rolle spielt, auf ein Tuch.

- Lesen Sie die Geschichte, die Sie vermitteln wollen, erst einmal selbst. Erarbeiten Sie sich das Buch, damit sie mit Text, Sprache und Inhalt vertraut und sicher sind.
- Nutzen Sie Ihre sprachlichen und körperlichen Ausdrucksmittel, um den Text wirken zu lassen:
  - deutlich und klar sprechen, nie zu schnell vorlesen,
  - wörtliche Rede, der Figur entsprechend betont, gestalten,
  - Stimmungen und Gefühle durch entsprechende Intonation vermitteln,
  - Tempo und Lautstärke der Stimme variieren: schnell bis langsam, laut bis leise,
  - Pausen setzen, um die Spannung und Aufmerksamkeit der Zuhörer zu erhöhen,
  - Gestik und Mimik einsetzen.
- Nehmen Sie immer wieder Blickkontakt mit den Kindern auf.
- Erhalten Sie die Sprache des Textes. Tragende Geschichten benötigen keine Vereinfachungen und Veränderungen.
- Wiederholen Sie wichtige Textstellen.
- Gehen Sie auf spontane Zwischenfragen und Äußerungen der Kinder ein. Sollten Kinder ausschweifend kommentieren wollen, verweisen Sie behutsam auf das Gespräch nach dem Lesen. Vermeiden Sie es, den Vorlesetext zu oft zu verlassen.
- Fremdwörter und neue Begriffe erklären Sie den Kindern.
- Sprechen Sie mit den Kindern nach dem Vorlesen über die Geschichte, greifen Sie ihre Äußerungen oder Fragen noch einmal auf und beziehen Sie den Inhalt auf die individuellen Situationen der Kinder.
- Kinder lieben Wiederholungen und Literatur kann immer wieder gelesen und vorgelesen werden. Das wiederholte Vorlesen eines Textes sollte deshalb intensiv gepflegt werden.

Bücher zum Vorlesen

Wenn Sie fesselnd vorlesen und erzählen, leisten Sie einen nicht unerheblichen Beitrag zur literarischen Sozialisation der Kinder. Sie können Neugier wecken, die so lange andauert, bis Kinder selbst geschriebenen Texten begegnen.

Gute Vorlesetexte schmeicheln sich ins Ohr und öffnen Welten in unserem Inneren. Solche Geschichten zeichnen sich aus durch:

- Handlungsbögen, die eine spannende fortschreitende Erzählung garantieren.
- Überzeugend charakterisierte Identifikationsfiguren für Jungen und Mädchen.
- Eine Hauptfigur, deren Wunsch und die aufgezeigten Widerstände gegen die Wunscherfüllung wichtig, notwendig und dringend sind.
- Situationen, die Anlass zum leisen und lauten Lachen geben – auch ernsthaft dargestellte Themen müssen darauf nicht verzichten.
- Eine Sprache, die sorgfältig gestaltet ist, ohne dabei zu komplex zu sein.

Neben den in Kindertagesstätten bekannten und bewährten Vorleseklassikern wie Michael Endes Geschichten von „Jim Knopf", Otfried Preußlers Geschichten „Die kleine Hexe", „Räuber Hotzenplotz", den „Frieder"-Bänden von Gudrun Mebs, Astrid Lindgrens Kinderklassikern „Michel aus Lönneberger" und „Die Kinder aus Bullerbü" gibt es auch neuere Titel mit hörenswerten kürzeren Geschichten, die sich speziell für das tägliche Vorleseritual eignen. Eine praxiserprobte kommentierte Auswahl geeigneter Titel finden Sie in der Bibliographie in diesem Buch (S. 128ff.).

4 Ein Bild vor Augen, eine Geschichte im Ohr

Lernchance Bilderbuch

In Bilderbüchern sind Illustrationen Geschichtenerzähler. Die vorgelesenen Worte im Ohr, die Bilder vor Augen, so tauchen Kinder in die Geschichte ab, verschlingen die Seiten.

Beim Vorlesen entsteht häufig eine dichte Atmosphäre zwischen Kindern und Erwachsenen. Nicht selten sitzen Kinder auf dem Schoß der Vorleserin oder kuscheln sich an sie an. Das Bedürfnis nach Körperkontakt beim Vorlesen und Betrachten von Bilderbüchern ist stärker als bei anderen Gegebenheiten.

Bilderbücher sind Orte der Begegnung: Beim Zuhören, Lesen und Anschauen treffen Kinder auf Personen, lernen Charaktere und Stimmungen kennen, lassen sich von Atmosphären einfangen. Dabei erleben sie Neues und Unbekanntes. In die Rezeption von Bilderbüchern fließen aber stets auch eigene Erfahrungen der Kinder mit ein. Die Begegnung mit Texten und Bildern löst bei Kindern Gefühle aus und regt zur Identifikation mit Protagonisten und Situationen an. Das Bilderbuch wird zum Schauplatz von persönlich Erlebtem, von Angst- und Eifersuchtsgefühlen, von Wut, Trauer und Einsamkeit, von Freude und Spaß, von Sehnsucht, Hoffnung und Wunschdenken. Über diese Identifikation können Kinder spielerisch Lösungsmodelle erproben: Wie wäre das, wenn ich traurig wäre oder mich selbst auf den Weg begäbe? So fordern Bilderbücher dazu auf, auf dem Weg der Identifikation oder aber auch der Abgrenzung von der Buchfigur oder der Buchheldin sich eigene Initiativen vorzustellen, persönliche Varianten einer Lösung zu entwickeln.

Dialogorientierte Bilderbuch-Betrachtung

Die vermittelnde und kommunikative Struktur, die Bilderbücher haben, stand bereits im 17. Jahrhundert im Blickfeld der Pädagogik. 1658 brachte Comenius den „Orbis Pictus" heraus, „eine gemalte Welt", um Kindern in 150 Lektionen „einen kurzen Begriff der ganzen Welt und der Sprache" zu vermitteln. Als Didaktiker hatte er das Ziel, Kindern durch bildliche Vorstellungen „die Erlernung der Sprache zu einer Spielbeschäftigung zu machen, und dadurch auf die angenehmste Weise zu erleichtern."

Heute ist diese alte Erkenntnis theoretisch und empirisch abgesichert: Bilderbuchbetrachtung ist nachweisbar eine der effektivsten Formen der Sprachförderung in der frühen Kindheit. Bilder zeigen und erzählen etwas, sie weisen auf etwas hin. Der Aufforderungscharakter dieser Bildsprachlichkeit regt Kinder zum Fragen, Erzählen und Kommentieren an.

Ein Bilderbuch zu betrachten ermöglicht dem Kind Nähe zum Erwachsenen und sichert ihm seine Zuwendung. Durch die Vorlesesituation, das gemeinsame Hören oder Betrachten einer spannenden oder bewegenden Geschichte, entsteht eine dichte Atmosphäre, die Kinder sehr schätzen und genießen.

Das Besondere dieser Situation ergibt sich aus der gemeinsam geteilten Lesewelt, aus dem sprachintensiven Bezug zur „Sache": ein wichtiges Merkmal der Bilderbuchbetrachtung ist die sprachliche Kommunikation, das Wechselspiel von Sprechen und Zuhören. Bei einem solchen dialogorientierten Prozess wird der Text des Bilderbuchs nicht die tragende Rolle spielen wie beim Vorlesen. Der verschriftlichte Text verzahnt sich mit mündlicher Sprache, er wird auch nicht ohne Unterbrechung vorgelesen werden können. Während beim Vorlesen die sprachlichen Kompetenzen durch den Stil der Schriftsprache erweitert werden, ist die gemeinsame Bilderbuch-Betrachtung geprägt durch den Wechsel zwischen der Vermittlung schriftsprachlicher Texte und dem aktiven Sprachgebrauch. Das ermöglicht Kindern, ihr eigenes Tempo der Buchbetrachtung zu steuern, etwas nachzuschauen, Bilder zu vergleichen und vor- und zurückzublättern. Eine dialogisch orientierte Bilderbuch-Betrachtung motiviert Kinder, eigene Erfahrungen einfließen zu lassen und sich mit der Ästhetik der Bilder auseinander zu setzen. Das begünstigt die Entwicklung eines reflektierten und differenzierten Gebrauchs der Sprache. Sie sollten daher zum Dialog bereit sein und dem Kind ermöglichen, kreative Bilder im Kopf entstehen zu lassen:

- Für jüngere Kindern gilt es, die abgebildeten Dinge zu identifizieren und zu benennen, bei älteren Kindern wird definiert, umschrieben und erweiternd erklärt.
- Eine Geschichte ergibt sich durch die Abfolge der Bilder und ihre einzelnen Episoden. Stellen Sie mit dem Kind die Beziehungen zwischen Abfolgen und einzelnen Episoden her.

- Lassen Sie Bedeutung entstehen, indem Sie gemeinsam mit den Kindern konstruieren, Abgebildetem nachspüren, sich fantastische Vorstellungen überlegen.
- Stellen Sie aus der Abbildung und dem Inhalt des Textes Bezüge zum Leben des Kindes her, z. B.: „Dieser Traktor ist reichlich groß. Wie sieht denn der auf dem Bauernhof aus, auf dem du in den Ferien warst?"
- Manche Geschichten regen auch an, einen möglichen Verlauf vorauszudeuten: „Wird das gut gehen, wenn der Hase einen Fuchs trifft? Was wird er wohl tun?"
- Ermutigen und aktivieren Sie Kinder, Teile der Bilderbuchgeschichte selbst zu erzählen, denn die Kombination von Text und Bild ermuntert das Kind zur Eigenständigkeit.

Grundsätzlich werden Bilder und Schrift eines Bilderbuchs beim Betrachten als Bild-Deutung und als Geschichte versprachlicht. Verweilen, Erklären und Wiederholen sollten ganz natürlich in diese Aktivität integriert werden.

Wenn bei der gemeinsamen Bilderbuchbetrachtung der Dialog zwischen Vermittlerin und Kind die zentrale Rolle spielt, ist das Kind aktiv mit einbezogen, es ist zugleich Zuhörer und Erzähler. In dieser kommunikativen Interaktion lässt sich ein dialogisch orientierter Frage- und Antwort-Prozess entfalten und entwickeln. Die Erzieherin löst die sprachliche Beteiligung des Kindes mit Impulsen und Fragen aus. Als Impulse können dienen:

- Bemerkungen zum Bild: „Das Mädchen trägt ja riesige Gummistiefel!"
- Spontane Ausrufe: „Ach, du meine Güte" „Oh je!"
- Gefühlsäußerungen über die Mimik und Gestik: Wohlbefinden, Erstaunen, Erschrecken zeigen.
- „Was-ist-das-Fragen" und Fragen, die nur mit ja oder nein zu beantworten sind, werden keinen Dialog herstellen kön-

nen. Die Fragen müssen einen offenen Charakter haben, beispielsweise:

– Was geschieht hier?
– Wie geht es wohl weiter?
– Was glaubst du, was jetzt passiert?
– Was würdest du an seiner/ihrer Stelle machen?
– Was wäre, wenn …?
– Wie war das, als …?

Bücher, die auf Text verzichten und deren Bilder ausschließlich durch ihre visuelle Gestaltung sprechen, bieten einen besonders offenen Fundus, eigene Überlegungen zum Handlungsrahmen einer Geschichte anzustellen. Die Dramaturgie ihrer Bilder regt Kinder an, genau hinzuschauen, nachzudenken und ihre eigenen Geschichten zu erzählen. Gezielte offene Fragen (siehe oben) regen Kinder an, ihre Fantasie schweifen zu lassen und selbst zu erzählen. Werden diese Erzählungen von Erwachsenen verschriftlicht, vorgelesen und mit dem Kassettenrekorder aufgenommen, haben Kinder ihre sprachgestaltende Fähigkeit in zwei unterschiedlichen Medienformen dokumentiert. Diese Zusammenführung von Mündlichkeit und Schriftlichkeit ist ein reizvoller und spannender literarischer Lernprozess.

Allererste Bilderbücher als Hinführung zur Literatur

Allererste Bilderbücher für Babys und Kleinkinder erzählen nicht über die Welt, sondern bilden ab, was Kinder aus ihrer realen Umgebung kennen. Diese Bücher für die ersten zwei Lebensjahre bestehen überwiegend aus stabilen Pappseiten, sind textfrei, und regen Kinder durch Illustrationen zum Wiedererkennen und Sprechen an. Wenn in den Büchern für ältere Kleinkinder von zwei bis drei Jahren Text ins Spiel kommt, ist er auf wenige Worte oder Sätze beschränkt. Diese *elementare Literatur* erfreut Kinder durch das Zusammensein und die Kommunikation mit dem Erwachsenen. Das Buch wird durch seine Abbildungen aus der realen Welt zum Auslöser für einen Dialog zwischen Erwachsenem und Kind – eine anregende Situation für den Spracherwerb. Meist geht es um das Identifizieren und Benennen der abgebildeten Gegenstände oder Tätigkeiten. Kinder erlernen im Dialog, eingebunden in das Interaktionsmuster Frage-Antwort-Bestätigung, Worte und Begriffe. Sie lernen, bekannte Objekte im Buch in einer anderen, unbekannten Umgebung zu entdecken und in Beziehung zu setzen.

Auf dieser frühen Stufe der Entwicklung des Sprechenlernens sind altersgerechte Bilderbücher eine unschätzbare Hilfe und bieten die Möglichkeit, Kindern Sprache und Literatur mit viel Spaß nahe zu bringen. Dabei erfahren schon kleine Kinder Grundsätzliches über das Wesen des Buchs: Sie entdecken, dass Bücher aufklappbar sind, dass man sie drehen und wenden und ihre Seiten umblättern kann. Sie beobachten fasziniert, dass auf jeder Seite ein Bild erscheint – das für etwas steht und nicht die Sache selbst ist, d. h. sie entwickeln ein Symbolverständnis – wesentliche Voraussetzung dafür, später komplexere Bildsymbole entschlüsseln zu können: Zeichen, Logos, Schrift.

Wortlos sprachintensiv: Das Wimmelbuch

Auch für Kinder im Vorschulalter ergeben sich aus Bilderzählungen ohne Worte wortreiche Nutzungssituationen. Insbesondere *Wimmelbücher* regen Kinder zum Entdecken, Betrachten, Benennen und Beschreiben einzelner Abbildungen an, vor allen Dingen, wenn sie gemeinsam betrachtet werden. Die Bildsprache und die Fülle der abgebildeten Figuren und Begebenheiten machen Wimmelbücher zum Auslöser für kindliche Identifizierungslust und für Gedankenspiele. Kinder leben oft sehr intensiv in diesen Wimmelbilderwelten, die immer wieder neue Sprechanlässe bieten, da Sinn und Bedeutung mit viel Freude immer wieder aus Neue dialogisch ausgehandelt werden können.

Bildersach-Bücher

Wenn Kinder die Welt entdecken und erforschen, brauchen sie nicht nur ausreichend Raum und Zeit, um ihre Themen zu entwickeln, sie benötigen ihnen zugewandte Bezugspersonen, die sich ihren Fragen und ihrem Wissensdrang widmen, Kinder benötigen aber auch Zugang zu medial vermittelter Information. Sachbücher sind solche Informationsquellen, sie sind ein Medium, mit dem Kinder ihr Wissen gezielt selbstständig erweitern und vertiefen können.

Sachbücher können in der Projektarbeit zum Einsatz kommen und in Lernwerkstätten. Sie gehören mit zur Grundausstattung von Forscher- oder Schreibwerkstatt. Aber auch in anderen Lern- und Erfahrungsräumen sollten sie stets griffbereit zu Verfügung stehen: Anregungsreich ist es, wenn sich im Rollenspielraum Bildbände über Mode, Kleidung und Theater finden, im Bauzimmer Sachbücher zum Thema Architektur – vom schiefen Turm zu Pisa bis zum Bildband über die weltweit unterschiedliche Art, Häuser zu bauen. Die Forscher- und Entdeckerecke braucht ein Techniklexikon und Bestimmungsbücher aller Art.

Für Kinder im Vorschulalter, die noch nicht lesen können, sind bildgestützte Sachbücher mit kurzen Texten geeignet.

Kinder können Sachbücher individuell nutzen. Damit das Wissen im Buch zum Wissen des Kindes wird, braucht aber auch das Sachbuch den Vermittlungsprozess durch Sprache und Kommunikation.

Bild-Wörter-Bücher

Ein Typus Bildersachbuch, der Kinder mit ins Lesen einbezieht, sind Bild-Wörter-Bücher, die das Prinzip pflegen, dass innerhalb eines Satzes ein Wort durch eine Bild-Vignette ersetzt ist. Im Unterschied zu Bilderbüchern steht hier das Bild für ein

Wort, und zwar in der Schriftzeile. Die Kinder können das Bild identifizieren, benennen und auf diese Weise im Text „mitlesen". Auf diese Weise lernen sie Grundsätzliches über das Schreiben und Lesen: es wird in einer Linie von links nach rechts geschrieben und gelesen.

Ein eigenes Bild-Wörter-Buch können sich die Kinder mit Hilfe der Erzieherin ganz leicht selbst herstellen:

Die Kinder denken sich eine eigene Geschichte aus und diktieren sie der Erzieherin, die sie in den Computer eingibt. Die Geschichte wird ausgedruckt, vorgelesen und es wird gemeinsam beschlossen, welche Worte gelöscht und im neu ausgedruckten Text von den Kindern durch selbst gemalte Bildvignetten ersetzt werden. Die Leerstellen, also die fehlenden Wörter, können auch mit selbst geschriebenen Buchstaben ausgefüllt werden.

Illustrierte Liederbücher

Illustrierte Liederbücher haben einen besonderen Reiz: Die Illustrationen und Texte geben Kindern ein Verständnis vom Sinngehalt eines Liedes, die schwarzen Punkte auf den Notenlinien sind ein Art Geheimschrift, die auf Entschlüsselung wartet. Da hilft es, wenn Kinder erleben, dass diese Zeichen durch Instrumente und die Stimme hörbar werden, dass sie Melodie, Rhythmus und Klang entstehen lassen. Das gemeinsame Singen ist der Anfang eines musikalischen Weges.

5 „Und dann traf der Kobold das kleine Huhn"

Erzählimpulse im Kita-Alltag

Die Ergebnisse zahlreicher Studien und Untersuchungen belegen, dass Kinder, denen von früh an häufig vorgelesen und erzählt und mit denen anschließend über die Inhalte der Geschichten gesprochen wurde, deutlich bessere Sprachkompetenzen und später auch schriftsprachliche Kompetenzen zeigen als Kinder, die in einer „erzählarmen" Umgebung aufwachsen. Vorlesen und Erzählen von Texten ist daher ein Kernpunkt von Literacy-Erziehung.

Kinder haben ein grundlegendes Bedürfnis nach Geschichten. Regelmäßiges und ritualisiertes Vorlesen bedeutet für Kinder, gemeinsam mit einer lesekundigen Person Literatur zu erleben und sich auszutauschen. Dabei knüpfen Kinder emotionale und affektive Erfahrungen an die vorgelesenen Texte und Bücher und können so eine dauerhafte Lesemotivation entwickeln. Aber Vorlesen ist nicht nur eine der besten Methoden, Kindern Literatur nahe zu bringen, sondern bildet auch Vorläuferfähigkeiten für spätere Schreib- und Lesekompetenzen aus. Denn beim Vorlesen setzen sich Kinder mit der Schriftsprache auseinander, die sich von unserer Alltagssprache unterscheidet.

Die geschriebene Erzählsprache, die Kinder beim Vorlesen hören, konfrontiert sie mit einem anderen Sprachniveau. Sie erleben, dass Schriftsprache sich einer komplexeren Ausdrucksweise bedient als das im täglichen Gespräch der Fall ist.

Erfahrungen mit dekontextualisierter Sprache sammeln

„Die Grenzen meiner Sprache sind die Grenzen meiner Welt", so formuliert es der Philosoph Ludwig Wittgenstein. Die Begegnung mit Büchern erweitert sprachliche Grenzen, denn erzählende Literatur für Kinder bietet mehr Adjektive, einen reichhaltigeren Wortschatz und ausgefeiltere grammatikalische Konstruktionen als das in unseren Alltagsgesprächen der Fall ist. In der Schriftsprache ist der Satzbau variantenreicher, es werden mehr Nebensätze und längere Sätze verwendet als in der gesprochenen Sprache.

Noch viel wichtiger ist ein anderer „grenzerweiternder" Effekt, den Kinder durch Geschichten erleben: sie lernen die Symbolfunktion der Sprache kennen. Mit Sprache können Welten herbeigeholt werden, die gar nicht anwesend sind. Abenteuer, Spannung, Identifikation mit den Wünschen und Handlungen, die eine fiktive Figur antreiben, werden textlich vermittelt in das subjektive Befinden des Kindes miteinbezogen.

In alltäglichen Gesprächen erleben wir, dass die Bedeutung dessen, was gesprochen wird, eng mit konkreten und aktuellen Handlungen und Situationen verbunden ist. Kinder haben diesen alltäglichen Sprachgebrauch sozusagen verinnerlicht, sie wissen bereits, wie man während eines Streits, beim Essen oder in einer Spielsituation spricht. *„Viele Kinder gewöhnen sich daran, sprachliche Botschaften stets durch den Bezug zu ihrer unmittelbaren Umgebung zu verstehen und lernen nicht zu abstrahieren. Beim Vorlesen und Erzählen wird der Sinn ausschließlich sprachlich vermittelt. Kinder lernen, sich auf eine rein sprachliche Botschaft zu konzentrieren und diese zu entschlüsseln. Dabei wird die Möglichkeit, mit Hilfe von Sprache erfundene, abstrakte oder schlicht ‚andere' Welten zu schaffen, besonders betont."* (Ulich 1999, S. 24)

Die Figuren, Gegenstände und Situationen aus diesen „anderen" Welten vermittelt die erzählende Literatur, durch Sprache. Diese für Geschichten typische Sprache ist abgelöst von einem situativen Zusammenhang und wird als *dekontextualisierte* oder *nicht-situative Sprache* bezeichnet.

Diesen nicht-situativen Sprachstil wenden Kinder an, wenn sie zum Beispiel selbst aus ihrem Leben erzählen. Das Leben ist der Erzählstoff schlechthin. Werden Kinder motiviert, aus den Ferien zu erzählen, Erlebnisse von zu Hause und aus ihrer Freizeit zu berichten, produzieren sie ihre eigenen abstrakten sprachlichen Botschaften, ohne sich dabei an direkt in der unmittelbaren Umgebung vorhandenen Bezugspunkten zu orientieren. Aber auch wenn Kinder Geschichten zuhören und anschließend selbst erzählen, üben sie sich darin, nicht-situative Sprache verstehen und selbst anwenden zu können.

Vorlesen und die Hinführung zum eigenen berichtenden und fantasiebetonten Erzählen sind daher wichtige Bausteine einer alltäglichen Literacy-Erziehung, die Sprachförderung miteinbezieht.

Die Struktur einer Geschichte erfassen

Wie andere literarische Formen weisen Geschichten für Kinder ein bestimmtes Erzählschema auf. Die Einleitung führt in der Regel Ort, Zeit und Akteure ein, das Handlungsfeld der Geschichte wird umrissen. Kennzeichen einer Geschichte ist aber das Fortschreiten der Handlung, die (oft überraschende) Veränderung des ursprünglichen Handlungsfeldes. Deshalb erleben die Akteure, die Handlungsträger, immer wieder herausfordernde und komplizierte Situationen, die es zu bewältigen gilt. Auf diese Weise entsteht Spannung. Ohne eine ansteigende und abfallende Spannungskurve wäre eine Geschichte langatmig. Der Schluss liefert dann eine Auflösung der konfliktreich zugespitzten Ereignisse, somit das emotional entlastende Ende.

Um eine gehörte Geschichte, eine erlebte Situation oder auch eine Bildergeschichte wiedergeben zu können, müssen Kinder wissen, wie eine Geschichte funktioniert, sie brauchen einen Überblick über die Konstruktion von Abfolge und Zusammenhang innerhalb der Geschichte. Sprachlich müssen sie in der Lage sein, die einzelnen Elemente einer Geschichte so zusammenzufügen, dass derjenige, der zuhört, mit seinen Gedanken auch folgen kann.

Kinder, die in einem intensiven literarischen Klima mit Büchern und Geschichten aufwachsen, lernen durch Vorlesen und Erzählen und auch durch Gedichte und Lieder nicht nur unterschiedliche Textsorten kennen, sondern entwickeln auch ein Gefühl für die Struktur einer Geschichte oder das Schema des Reims. Durchs Zuhören lernen Kinder Möglichkeiten und Muster kennen, die sie beim eigenen Sprechen und später beim Schreiben anwenden können.

Exkurs: Die Sprache der Märchen

Märchen wurden bis vor 200 Jahren ausschließlich in mündlicher Form weitergegeben. Märchen sind frei erfundene Geschichten und erzählen in Bildern. Diese Bildersprache hat auf Kinder eine größere Wirkung als ein begriffsorientierter Sprachstil, da sie ein großes emotionales Potenzial hat und daher ganz anders berührt: nachhaltiger und wesentlicher. Die bildhafte Sprache der Märchen macht uns existentielle Lebensthemen intensiv deutlich, was in der Vergangenheit aus pädagogischer Perspektive auch immer wieder zu Kritik am Märchenerzählen geführt hat. Ist die Sprache der Märchen zu radikal und für Kinder ungeeignet? Trennung, Abschied, Verstoßung, Aussendung – all diese existentiellen Ängste werden im Märchen nicht überspielt, sondern ernst genommen. Aber was immer auch geschieht, letztlich siegt die Gerechtigkeit. Solche verlässlichen und klaren Muster kommen den moralischen Bedürfnissen von Kindern entgegen. Das ist der Grund, weshalb Kinder Märchen brauchen und sie schätzen. Ritualisierter Sprachgebrauch in Formeln wie „Es war einmal …" oder „Und wenn sie nicht gestorben sind, dann leben sie noch heute", gibt Kindern einen sicheren Rahmen vor, in dem sie sich trotz emotional anspruchsvoller Erzählinhalte sicher orientieren können. Neben der Vermittlung tiefgehender emotionaler Empfindungen haben Märchen auch eine literarisierende Komponente: sie bereiten Kinder durch ihre einfache und zugleich symbolisch verdichtete Form von Sprache darauf vor, in die Welt der Literatur einzutauchen und sie für sich selbst nutzen zu können.

Sprachanregende Rituale, Aktionen und Spielideen

Anderen seine Erlebnisse und Erfahrungen zu erzählen ist ein menschliches Grundbedürfnis. Das Erzählen bietet viel Raum für die Entwicklung eines differenzierten Sprachgebrauchs. Kinder üben sich beim Erzählen darin, Erlebnisse so wiederzugeben, dass sie sprachlich verständlich und vollständig mitgeteilt werden. Sie bringen ihre Einschätzungen und Bewertungen in die Erzählung mit ein und interagieren mit anderen. Erzählen bietet Kindern die Möglichkeit, sich sowohl in der Rolle des Zuhörers als auch in der Rolle des Erzählers zu erfahren. In erzählerischen Situationen ist Einfühlungsvermögen und die Fähigkeit, die Perspektive zu wechseln, gefragt. Gemeinsames Erfinden und Erzählen von Geschichten fördert die Entwicklung der Vorstellungskraft von Kindern. In jedem von uns schlummern Geschichten. Kleine Geschichten zu erzählen ist nicht schwer, wenn der Erzählstoff gefunden ist. Im Folgenden möchte ich Ihnen einfache methodische Hilfsmittel vorstellen, die Kindern Impulse zum Erzählen geben. Sie dienen dazu, Kindern Mut zu machen, die Geschichten laut zu erzählen, die oft schon ungeformt in ihren Köpfen sind.

Die Erzählmuschel aus dem siebten Weltmeer

Eine größere Muschel, die auf einem blauen Tuch liegt, dient als Herausforderung zum Lauschen: wer sie sich eine Weile an sein Ohr hält, hört ein Rauschen und hört die Muschel eine Geschichte aus dem Wasser erzählen.

Der Erzählstein

Aus Kieselsteinen, die mit buntem Glitzerlack bemalt werden, entstehen Erzählsteine. In diesen Steinen ruhen die Geschichten der Zwerge. Wenn man sie in den Händen reibt, wird man die Geschichte spüren und erzählen können.

Der Requisitenkoffer

Bücher reproduzieren eine Vielzahl von Lebensthemen, gestaltet und geformt aus subjektiver Sicht. Das Leben ist der Erzählstoff schlechthin, das gilt auch für die Lebenswelt der Kinder.

Im Requisitenkoffer finden Kinder Alltagsobjekte, die ihnen Anlass geben, aus ihrem eigenen Leben zu erzählen. Eine Geburtstagskerze, ein Esslöffel, ein kleines Kopfkissen, ein Schnuller, ein Osterei, ein Clown, ein Baum, ein Weihnachtspäckchen, eine Badeente etc., all diese Objekte können Assoziationen auslösen, die ins Erzählen münden.

Wird der Inhalt des Koffers gepflegt, werden Gegenstände ergänzt und ausgetauscht, so kann er immer wieder neue Erzählimpulse liefern.

Die Geschichtenplatte

Für die Geschichtenplatte wird der Rand einer drehbaren runden Kuchenplatte (oder ein Käsebrett) mit allerlei kleinformatigem Sammelsurium beklebt. Außerhalb der Platte werden dann ebenso viele Gegenstände auf den Tisch gelegt, wie sich auf der Platte befinden. Dreht ein Kind die Platte, bilden die Gegenstände auf der Platte und auf dem Tisch immer neue Paare: Diese Paare bilden das Futter für die Fantasie. Ein Kobold trifft auf ein Huhn, das kleine Auto trifft mit einem Elefanten aus dem Überraschungsei zusammen … Die Geschichtenplatte bringt Dinge zusammen, die zunächst gar nicht in Verbindung miteinander zu stehen scheinen. Aber aus diesen überraschenden Kombinationen entsteht kreative Spannung, die Geschichten weckt und Kinder immer wieder neu zum Erzählen verlockt.

Ermutigen sie die Kinder, ihre selbst ausgedachten Geschichten zu Hause oder bei einem Besuch bei der Oma zu erzählen!

Das Storyboard

Das Storyboard bietet Kindern die Möglichkeit, eigene Geschichten zu erfinden, Geschichten auszugestalten und im Erzählkreis anderen Kindern zu präsentieren (vgl. Laewen/Andres 2002, S. 137). Das Storyboard ist eine gezeichnete Kulisse (auf ein großes Blatt Papier gezeichnet oder in soliderer Form auf leichtes Sperrholz), in der all das zu finden ist, was den Rahmen für eine spannende Geschichte bilden könnte: eine Landschaft mit Wiesen, Wasserläufen und Seen, mit einem Gebirge, einem hohen Turm und einem Schloss, mit vergrabenen Schätzen, Höhlen und Drachen, Spinnen, Dinosauriern und sonstigen geschichtentauglichen Symbolträgern.

Zur Einführung in dieses erzählanregende Medium können Sie zunächst selbst eine Geschichte erzählen und der Handlung entsprechend Figuren durch die Kulisse bewegen. Dann können sich die Kinder einzeln oder in Gruppen Geschichten ausdenken und spielend erzählen, was ihr (evtl. aus Knetmasse selbst gefertigtes) Personal in dieser Welt erlebt. Wenn Kinder Schwierigkeiten mit ihren sprachlichen Formulierungen haben oder ins Stocken geraten, sollten Sie sie durch gezielte Fragen unterstützen (wie z. B. „Was macht der Dinosaurier gerade?" oder „Wo möchte er denn jetzt hingehen?"). Das Storyboard bietet Kindern die Möglichkeit, fantasievoll und frei, gleichzeitig aber durch Objekte und Szenen strukturiert, erzählenden Sprachgebrauch einzuüben.

Der audio-visuelle Geschichten-Guckkasten

Märchenwelten, Abenteuerlandschaften, Fantasieszenarien – Guckkästen sind eine Form, selbst erfundene Geschichten dreidimensional zu inszenieren. Die frei erzählte Geschichte wird auf Kassette aufgenommen und inspiriert die Gestaltung des Guckkastens.

Einen Karton in einen Guckkasten umzubauen ist einfach:
- der mindestens 40x50x30 cm großen Pappkarton mit Deckel wird außen und innen mit Dispersionsfarbe angestrichen.
- An eine Stirnwand klebt man mit doppelseitigem Klebeband eine Spiegelkachel oder Spiegelfolie, um Unendlichkeit vorzutäuschen.
- In den Deckel wird ein Loch geschnitten, das mit farbiger Folie unterlegt wird. Oder der Guckkasten kann auch innen mit einer bunten Lichterkette beleuchtet werden. Die Gucklöcher werden in verschiedener Höhe und Größe in den Karton geschnitten.

Prinzipiell lässt sich der Innenraum eines Kartons in der angegebenen Größe in Gruppenarbeit ausgestalten. Wenn Kinder ihre eigenen Guckkästen herstellen, können Schuhkartons verwendet werden. In diesem Fall wird ein ca. 4 cm breiter Sehschlitz an einer Stirnseite des Schuhkartons ausgeschnitten. Das Licht fällt bei dieser Version durch Öffnungen ein, die in den Deckel des Kartons geschnitten werden.

Was in dem Guckkasten zu sehen ist, wird inspiriert durch die auf der Kassette festgehaltene Geschichte. Für die Ausgestaltung muss entschieden werden:

- Welche Szene, welche Personen und Gegenstände kommen vor? Was soll im Vordergrund stehen, wie sieht der Hintergrund aus?
- Die Kinder malen das Personal und die Kulisse ihrer Geschichte auf stabilen Zeichenkarton, schneiden sie aus und fixieren sie auf dem Boden des Guckkastens. Teile des Personals und der Kulisse können aus Knete oder Fimo auch plastisch gestaltet werden.
- Straßen, Wege oder Flüsse werden auf den Boden des Kartons gemalt.
- Für die Gestaltung können auch Naturmaterialien wie Äste, Steine, Moos, Sand oder Blätter verwendet werden.
- Alle Materialien werden so drapiert, dass ein räumlicher Eindruck entsteht.

Der Guckkasten macht die Erzählung der Kinder sichtbar, indem er ihre selbst erdachte, sprachlich formulierte und auf der Kassette festgehaltene Welt abbildet.

Selbstgemachte Geschichtenbücher

Die selbst erfundenen und ausgedachten Geschichten der Kinder sollten nicht nur mit dem Kassettenrekorder aufgenommen werden, sondern auch in schriftlicher Form festgehalten werden. Indem die Kinder einem Erwachsenen ihre Gedanken erzählend diktieren, erleben sie, wie sich die mündliche Sprache in Schriftsprache verwandelt. Wird die Geschichte mit Hilfe des Computers verschriftlicht, dann können sie mehrfach ausgedruckt und weiterbearbeitet werden. Beispielsweise lassen sich in die Textausdrucke Bilder einzeichnen oder gescannte Fotos und Abbildungen einarbeiten. Für jedes Kind kann eine

Datei angelegt werden, in der die persönlichen Werke abgelegt sind. Mit den gesammelten Ausdrucken kann ein Sammelband mit den Geschichten aller Kinder entstehen, aber auch ein individuelles eigenes Geschichtenbuch für jedes Kind. Solche Bücher verfügen selbstverständlich über alle Attribute, die ein Buch ausmachen. Dazu werden die Seiten nummeriert, ein Inhaltsverzeichnis wird erstellt und eingefügt, die Blätter werden zwischen zwei Buchdeckel geheftet, auf denen der Name des Autors verzeichnet ist. Mehrsprachige Kinder können mit Hilfe von Erwachsenen auch zweisprachige Ausgaben ihrer Geschichten herstellen. Oder es entstehen Familienbücher, für die die Eltern, Großeltern und Freunde der Familie jeweils eine schriftlich festgehaltene Geschichte beisteuern.

Solche Eigenproduktionen lassen sich verschenken oder verkaufen.

Kinderdiktate bieten enorme sprachliche Lernchancen, sie führen Kinder an literarische Gepflogenheiten der Bücherwelt heran und vermitteln ihnen, dass ihre Leistungen anerkannt und wertgeschätzt werden.

Bilder als Anlass zum Erzählen

Je vielfältiger die Hilfsmittel sind, die zum Erzählen anregen, desto mehr werden Kinder zu Geschichtenerfindern werden. Bilder sind nützliche Impulsgeber für Erzählgeschichten und regen freies Sprechen an. Dabei erweitern Kinder ihren Wortschatz und die Fähigkeit, sprachliche Sequenzen zu bilden.

- Beispielsweise wird ein Märchen gespielt und gleichzeitig in ca. 10–14 Bildern fotografiert. Ein solches Bilderset nutzen Kinder dann, um das Märchen in die korrekte Bildabfolge zu bringen und anhand dieser Abfolge den Handlungsverlauf selbst zu erzählen.
- Jedes Kind erfindet eine Geschichte. Zu den selbst erfundenen und auf einer Seite im Kinderdiktat verschriftlichten Kurz-

Geschichten suchen sich die Kinder ein Motiv, das sie selbst fotografieren. Die Fotos werden in die Kurzgeschichten einge-klebt, die bebilderten Seiten werden zu einem Geschichten-buch gebunden. Anhand der Fotos können die Kinder ihre ei-gene Geschichte im Buch wiederfinden.

▪ Alltägliche Handlungsabläufe werden in jeweils drei abfol-gende Schritte gegliedert, umgesetzt und mit dem Foto-apparat in drei Bildern festgehalten. Beispielsweise: einen Apfel essen, die Zähne putzen, einen Anorak anziehen. Sol-che selbst produzierten Bildfolgen bieten Kindern reichlich Gesprächsanlässe.

▪ Situationen aus dem Tagesablauf in der Kita werden fotogra-fiert. Dabei werden sich die unterschiedlichsten Situationen, Gefühle und Stimmungen der Kinder widerspiegeln. In ei-nem Karteikasten sortiert, stehen diese Fotos den Kindern zur Verfügung. In der gemeinsamen Betrachtung mit der Er-zieherin oder in einer Kindergruppe geben sie Anlass, dass Kinder erzählen, beschreiben, Veränderungen wahrnehmen, sich an die fotografierte Situation erinnern.

Geschichten im Adventskalender

Eine anregender Anlass, eine Geschichte kennen zu lernen und zugleich eine Alternative zu herkömmlichen Adventskalendern, ist der Adventskalender zum Vorlesen. Dieser hat eine Geschich-te, die in 24 Teilen vorgelesen werden kann. Um den Charakter des Adventskalenders zu erhalten, wird die Textvorlage einer Ge-schichte so aufbereitet, dass sie auf 24 einzelne Blätter kopiert wird. Diese werden zu Rollen aufgedreht und jede Rolle wird mit der entsprechenden Nummer und einer Schleife versehen. Die Rollen werden an einer Schnur befestigt und der Advents-kalender wird einige Tage vor dem 1. Dezember aufgehängt. Kin-der vermuten von der Gestaltung her oft gleich, dass es sich um einen Adventskalender handelt, fragen aber meist nach, was diese merkwürdige Form bedeutet. Der Adventskalender kann zum Vorlesekalender deklariert werden, und es wird erklärt, dass jeden Tag ein Stück einer Geschichte vorgelesen werden wird. So ist die Neugier und das Interesse geweckt und das Vorlesevergnügen kann sich ritualisiert durch den ganzen Dezember ziehen. Nach dem täglichen Vorlesen wird der jeweilige Text auf ein großes, buntes Plakat geklebt und mit Weihnachtsmotiven geschmückt. So bleibt die Geschichte präsent und kann, wenn sie an einem zentralen Ort der Einrichtung hängt, auch von den Eltern nachgelesen werden. Den Inhalt und die Aufteilung betreffend sind winterliche oder weihnachtliche Geschichten aus Erstleser-Reihen geeignet.

Unmögliche Geschichten

Lügen- oder Flunkerschichten sind eine besondere Form von Spielgeschichten, bei denen die Kinder eine aktive Rolle übernehmen. Während eine Geschichte vorgelesen oder erzählt wird, in der Einiges nicht stimmt, sitzen die Kinder in der Hocke. Die Erzählerin sollte mit den Kindern Blickkontakt halten. Wer erkennt, dass in der Geschichte etwas vorkommt, was nicht stimmen kann, springt hoch, reckt die Hände in die Luft und ruft „Geflunkert, geflunkert". Das Vorlesen oder Erzählen wird unterbrochen und die Kinder erklären, wie es richtig heißen müsste. Damit die Kinder genügend Zeit zum Nachsinnen haben, muss nach jedem Satz eine kleine Pause gemacht werden.

Geburtstagsgeschichten

Ein Geburtstag zeichnet sich dadurch aus, dass das Geburtstagskind im Mittelpunkt steht, dass ihm Zeit und Aufmerksamkeit gewidmet wird. Ein literarisches Erlebnis ist ein schönes Geschenk und kann neben dem Singen eines Liedes zur Tradition werden. Die Geschichte darf sich das Geburtstagskind na-

türlich selbst aussuchen. Beim Vorlesen darf es sich auf einen
festlich geschmückten Erzählstuhl oder einen Lesethron setzen.

Geschichtenfest

Je selbstverständlicher die Literacy-Erziehung in den Alltag einer Einrichtung eingebunden ist, desto nahe liegender wird es
erscheinen, die Literatur in all ihren Facetten auch zu einem bedeutsamen Element der Festgestaltung zu machen, ja, vielleicht
einmal ein Geschichtenfest zu veranstalten: Erzählen, Vorlesen,
Geschichten durch Figurentheater vermitteln, Gedichte vortra-
gen, Bilderbücher im Kino betrachten, selbst produzierte Bücher verkaufen, Bücher in einer Ausstellung präsentieren, Lesezeichen und Papier selber herstellen …

Bei einem solchen Geschichtenfest werden Bedeutung und
Stellenwert der Literacy-Erziehung dokumentiert und öffentlich gemacht.

6 Bilderbuch-Kino, Hörkassetten und CD-ROMs

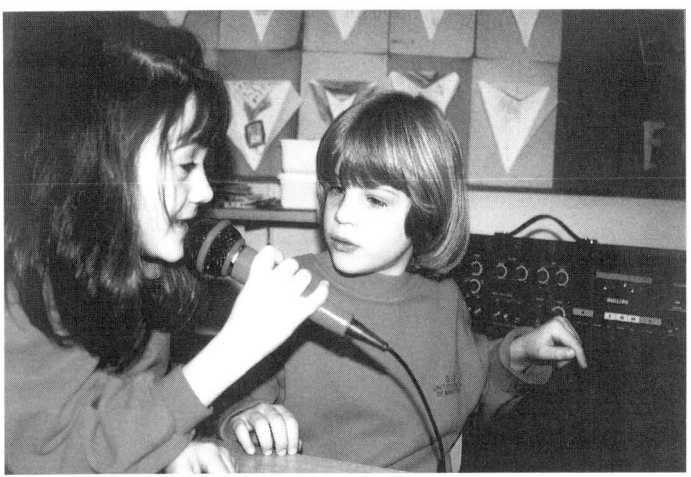

Literale Anregungen durch audiovisuelle Medien

Die Welt, in der Kinder leben, ist von Medien geprägt. Kindheit heute ist kein medienfreier Raum. Parallel zur Aneignung der Sprache als zwischenmenschliches Kommunikationsmittel verläuft die Mediennutzung der Kinder. Bereits bevor sie lesen und schreiben können, haben Kinder meist zahlreiche Medienerlebnisse. Kindern werden Geschichten in Hörmedien (Hörspiele, erzählte oder gelesene Literatur) oder über Bildwelten (Illustrationen, TV, Computer) präsentiert.

Der Zugang zu Geschichten, zu Erlebnissen und Ereignissen, ist heutzutage für Kinder im Unterschied zu früheren Zeiten in weitaus geringerem Maße an die Schrift gebunden. Allerdings kann die schriftliche Sprache nur gelernt werden, wenn die Basis, der mündliche Sprachgebrauch, ausgebildet ist. Deshalb ist die Förderung des mündlichen Sprachgebrauchs, insbesondere die Fähigkeit, sich ausdrücken zu können, Voraussetzung für den gelingenden Schriftspracherwerb. Daher bedarf es einer Sprachförderung, die sich durch Vielseitigkeit und vielfältige alltägliche sprachliche Erlebnisse auszeichnet. Die Motivation der Kinder zu sprechen wird sich steigern, wenn sie sprachliche Aktivitäten mit Lust und Spaß erleben. Diesen Bedürfnissen nach Harmonie und Entspannung, spaßiger Unterhaltung, Sachwissen, Spannung und Abenteuer kommen Medien in starkem Maß entgegen.

Die mangelnden sprachlichen Fähigkeiten von Kindern werden immer wieder mit der kindlichen Mediennutzung in Verbindung gebracht. Insbesondere dem Fernsehen wird angelastet, dass es zur Sprachlosigkeit und Spracharmut von Kindern beiträgt. Abgeleitet wird dieser Befund in der Regel von der Zeit, die Kinder vor dem Bildschirm verbringen. Allerdings kann allein von der Häufigkeit des TV-Konsums nicht darauf zurückgeschlossen werden, ob die Sprachdefizite der Kinder ursächlich dem Fernsehkonsum anzulasten sind. Kinder können das Fernsehen beispielsweise zum Rückzug nutzen, *weil* sie sich sprachlich nicht gut ausdrücken können.

Jüngere Kinder verwenden gerne Ausdrücke von Medienfiguren und auch aus der Werbung und beziehen sie in ihre Kommunikation mit ein. Dabei greifen sie auffallend oft ritualisierte, lautmalerische und originelle Redewendungen auf, all das, was sie reizt, Sprache lustvoll und experimentell zu nutzen. Kinder beziehen Medien, insbesondere Fernsehsendungen, gerne in ihr Spiel mit ein. Und sie sprechen auch gern über ihre Fernseherlebnisse – wenn Erzieherinnen es verstehen, dafür objektive und kompetente Gesprächspartner zu sein. Dann können Fernsehen und andere Medien sogar produktiv für die

Sprachförderung genutzt werden. Denn förderlich für die Sprachentwicklung sind Zuwendung und Kommunikation. Die Sprache erlernt man nur mit Hilfe von Reaktionen eines Gesprächspartners und durch wechselseitigen Austausch.

Ein entspannter Umgang mit Medien ist daher sinnvoll, denn es kommt in der Sprachförderung in erster Linie darauf an, Kinder zu interessieren. Deshalb können bei den Bemühungen, Sprechen, Lesen und Schreiben der Kinder zu fördern, Medien nicht ausgeschlossen werden. Es geht im Rahmen der Literacy-Erziehung darum, Medien einen reflektierten, sprachfördernden Stellenwert zu verschaffen und sie sinnvoll zu integrieren.

Filme und Hörkassetten können kein Buch ersetzen, sie sind eigenständige Medien. Aber wer das Interesse von Kindern an Büchern, an Sprache und Schriftlichkeit wecken will, für den ist es weit produktiver, Texte, Sprache und Zugangsweisen zur Schriftsprachlichkeit in den Kontext anderer Medien zu stellen, als die „Konkurrenzmedien" des Buches zu verteufeln. Wie Kinder von den sprachfördernden Potenzialen von Medien, von Tonträgern, Kurzfilmen und CD-ROMs profitieren können, möchte ich im Folgenden vorstellen.

Wie Tonträger zum Sprechen motivieren können

Tonträger (Hörkassetten und CDs) können ein Buch nicht ersetzen, dennoch können intensive sprachliche Anregungen von ihnen ausgehen. Zunächst üben Kinder beim Zuhören, sich auf sprachliche Information zu konzentrieren, eine Geschichte zu verfolgen – ganz ähnlich wie beim Vorlesen, wenn auch die direkte kommunikative Nähe zum Vorlesenden fehlt. Daher ist die situative Einbindung des Medienerlebnisses Hörkassette/CD besonders wichtig: Kinder profitieren von dem, was sie hören, wenn sie hinterher mit Erwachsenen und Freunden darüber sprechen können.

Ebenso wichtig wie die Anschlusskommunikation ist das mehrfache Anhören: Da Kinder Hörspielkassetten/CDs gerne wiederholt nutzen, haben sie dadurch die Chance, neue sprachliche Elemente, Wörter oder komplex gestaltete Satzstrukturen, in ihren aktiven Sprachgebrauch aufzunehmen.

Ähnlich wie beim Vorlesen erleben die Kinder einen Text, der mit Hilfe von Betonungen, Sprachmelodien und Satzschlusskadenzen vorgetragen wird. Qualitativ sorgfältig produzierte Tonträger, die dem Sprachstand der Kinder angepasst sind, regen Kinder an, ihre eigene Stimme variantenreich einzusetzen, um Klangeffekte zu erzeugen – anregungsreich sind hier insbesondere schön gestaltete Lyrik-Aufnahmen oder Hörspiele.

Wer Kinderkassetten gezielt als sprachförderliches Medium einsetzen möchte, muss sich mit Inhalt, Form und Qualität auseinander setzen, um die Perlen zu finden, die mit ihren literarischen und künstlerischen Ansprüchen Sprachförderung ermöglichen. Orientierungshilfen finden sich auf der Internetseite www.toene-fuer-Kinder.de und im gleichnamigen Print-Ratgeber (kopaed-Verlag, München). Hier werden Kassetten und CDs in einem kommentierten Überblick vorgestellt. Das „Institut für angewandte Kindermedienforschung" der Hochschule für Medien in Stuttgart stellt auf seiner Homepage Hörtipps und die jeweilige CD des Monats vor (www.ifak_kindermedien.de).

Eine persönlich erprobte Auswahl von Bilderbüchern, Vorlesegeschichten und Mitmachgeschichten, die erfolgreich ins Hörmedium übersetzt worden sind, also als CD und/oder MC erhältlich sind, finden Sie in der Auswahlbiographie in diesem Buch S. 128ff.

Hörkassetten und Hörbücher selbst gestalten

In jedem Medienbestand eine Kindertagesstätte sollten sich Hörkassetten befinden, auf denen Geschichten und Texte aus Bilderbüchern aufgenommen sind, die von den Erzieherinnen und den Eltern vorgelesen wurden. Ein solcher Bestand ist bei Kindern sehr beliebt und wird viel genutzt. Zum einen sind die Kinder hocherfreut und auch stolz, wenn es die Stimmen ihrer Eltern sind, die da vom Band erzählen, zum anderen können auf diese Art Texte in allen Sprachen reproduziert werden. Migrantenkindern bietet das die Möglichkeit, Geschichten in ihrer Muttersprache anzuhören, die deutschsprachigen Kinder erleben beim Mithören, dass Sprache unterschiedliche Klanggestalt und Sprechrhythmen hat.

Gibt es einige Kassetten oder CD-Aufnahmen, auf denen Erzieherinnen beliebte Bilderbücher vorlesen, dann eröffnet dies den Kindern die Möglichkeit, dass sie sich selbstbestimmt die Textebene des Bilderbuchs organisieren können. Eine Sammlung von Kurzgeschichten kann beispielsweise die Stimmen des kompletten Teams repräsentieren.

Sprachspielereien und Lyrik bieten kurze, auf den Punkt gebrachte Texte, die sich bestens eignen, um gemeinsam mit den Kindern eine erste Hörkassette selber zu produzieren. Reichlich Anregungen zur Gestaltung durch Stimme, Geräusche und Klänge bietet das Anhören professionell gestalteter Anthologien.

Auch Hörspiele können aus Bilderbüchern entstehen. Geeignet dazu sind kurze Geschichten, ohne viele Ortswechsel, mit einer überschaubaren Zahl beteiligter Figuren, wie beispielsweise die Klassiker „Du hast angefangen! Nein, du" von David McKee, „Wo die wilden Kerle wohnen" von Maurice Sendak, „Frederick" von Leo Leoni, „Vom Maulwurf, der wissen wollte, wer ihm auf den Kopf gemacht hat" von Werner Holzwarth und Wolf Erlbruch.

Tipps für die Aufnahmen:
- Beginnen Sie immer mit Probeaufnahmen der Stimmen und Geräusche.
- Verwenden Sie ein externes Mikrofon.
- Sprechen mehrere Personen, platzieren Sie das Mikrofon so, dass alle darum herum stehen können.
- ein Zählwerk erleichtert die Produktion, die auf mehrere Tage aufgeteilt werden sollte.

Bilderbuch-Kino

Ein Bilderbuch-Kino besteht aus den von Original-Illustrationen reproduzierten verglasten Dias, einem Begleitheft mit methodisch-didaktischen Anregungen und dem Originalbilderbuch.

Bilderbuch-Kino-Erlebnisse faszinieren und begeistern Kinder. Nicht zuletzt, weil das Lichtbild den verdunkelten Raum benötigt. Das wirkt sich insbesondere in unserer reizintensiven Zeit sehr förderlich auf die Konzentrationsfähigkeit aus, und diese wiederum ist ein wesentlicher Faktor für die auditive und visuelle Wahrnehmung. Besonders reizvoll ist das Medium Dia nicht nur, weil es die Dunkelheit braucht: das „Licht-Bild" besticht durch leuchtende und brillante Farbwiedergabe, wie sie kein Papierbild oder ein digitales Bild bieten kann. Die Dias können so lange stehen bleiben, wie die Kinder das wollen und brauchen. So kann sich ein sprachintensiver Austausch über das Gesehene ergeben. Die Kinder werden zu detaillierter Betrachtung angeregt. Daher schafft das Bilderbuch-Kino grundlegende positive Erlebnisse für den Umgang mit Bildern und Sprache.

Bilderbuch-Kino, das ist gemeinsames Miterleben von Geschichten, aber auch von Gedichten, das bietet die Möglichkeit, in entspannter Kinoatmosphäre zusammenzusitzen, hinzuhören und in Bilder und die Stimme des Vorlesenden einzutauchen.

Bilderbuch-Kino bietet mannigfache Gestaltungsmöglichkeiten:

▪ die Bilder werden gemeinsam betrachtet, Textpassagen werden vorgelesen oder erzählt. Die Kinder können Fragen stellen, intensives Eingehen auf die Äußerungen, Erkenntnisse und Fragen der Kinder ist möglich.

▪ Der Text der Geschichte oder des Gedichtes kann mit verteilten Rollen vorgelesen werden.

▪ Die sprachliche Präsentation kann mit einer Geräusch-Inszenierung verbunden werden.

▪ Die Dia-Show kann musikalisch gestaltet werden: Lieder oder Instrumentalpassagen einfügen.

▪ Die Texte, die zu den Bildern vorgelesen werden, können auf Kassette aufgenommen und als Variante zur herkömmlichen Präsentation (Projektion und Live-Lesung) vorgeführt werden.

In gut sortierten Medienzentren sind Bilderbuch-Kinos auszuleihen, weitere Infos und Bezugsquellen finden Sie unter www.bilderbuchkino.de, in der Bibliographie auf S. 128ff. in diesem Buch finden Sie eine erprobte Auswahl.

Bilderbuch-Verfilmungen

Bilderbuch und Film zu verknüpfen eröffnet eine Bandbreite spielerisch aktivierender Möglichkeiten und bietet Kindern sinnliche und ästhetische Erlebnisse. Gemeinsam einen Film anzuschauen ist ein soziales Ereignis, das Kindern viel Spaß macht und eine hohe emotionale Erlebnisqualität bietet. Sorgfältig und künstlerisch verfilmte Bilderbücher regen die kindliche Fantasie an. Die Verknüpfung von Bilderbuch und Verfilmung ermöglicht Kindern, Grundlagen, Unterschiede und Gemeinsamkeiten literarischen und medialen Erzählens kennen zu lernen – ein erster Schritt zu einem kompetenten Umgang mit den verschiedenen Medien.

Eine Titelauswahl von Bilderbüchern, die Sie als Videos in gut sortierten Medienzentren ausleihen oder bei den genannten Vertrieben beziehen und zur nichtgewerblichen öffentlichen Vorführung in der Kita einsetzen können, finden Sie in der Auswahlbibliographie in diesem Buch (S. 128ff.).

Ein Film, der zum Erzählen anregt

„*Rinnsteinpiraten*" von Christina Schindler, ein Real- und Trickfilm, Farbe, 11 Minuten, im Vertrieb von Matthias-Film Stuttgart. Erhältlich auf 16-mm, Video, DVD – auszuleihen in Medienzentren.

Ohne Sprache, mit einer fesselnden Musik, erzählt dieser Film seine reizvolle Geschichte in einer interessanten Mischung aus Real- und Trickfilm. Dass die Abenteuer der Gestalten so verwegen und fesselnd sind, liegt nicht nur an ihren sympathischen Charakteren, sondern auch an der perspektivischen Gestaltung des Films, der die Sicht der Dinge vornehmlich von unten, aus der Perspektive des Rinnsteins zeigt.

Ein Kinderfilm, der die Kraft der Fantasie bestärkt, Gesprächsanlass bietet und durch sein offenes Ende zum Weitererzählen und Weiterspielen anregt.

Zum Inhalt:

Auf der Straße hockt ein Kind und faltet aus einem Blatt Papier ein Schiffchen. Kaum dümpelt das in einer Pfütze, droht es zu versinken. Aber plötzlich entern drei seltsame Gestalten den untergehenden Kahn und übernehmen das Kommando. Eine rasante Abenteuerfahrt durch den Rinnstein beginnt. Der dort von achtloser Menschenhand deponierte Unrat wird von den struppigen Gesellen aufgegabelt und kommt ziemlich kreativ zum Einsatz: ein Kronkorken wird zur Kopfbedeckung, eine Schraubenmutter ziert punkermäßig die Fellhaare, ein Pommes auf der Plastikgabel ist willkommene Reiseverpflegung, das Eisschirmchen dient als Regenschutz und ein alter, rosaroter Kaugummi rettet den Kahn vor dem Untergang, da er das durch eine achtlos weggeworfene glühende Kippe entstandene Schiffsleck vorzüglich abdichtet. Mutig zeigt sich die Piratenbande in existenzbedrohenden Situationen, im Konflikt mit einer riesigen Kehrmaschine und einem ziemlich an ihnen interessierten Hund. Dass sie aber nicht im Gulli des Rinnsteins enden, sondern wundersamerweise am blauen Himmel wieder auftauchen, dafür sorgt ihre Lust am Dasein und das Blatt Papier, das ihr abenteuerliches Leben wahr werden ließ.

CD-ROM

Kinderliteratur dient immer wieder als Vorlage für die multimediale Produktion von CD-ROMs. In der Medienlandschaft, in der Kinder heranwachsen, können niveauvolle CD-ROM-Umsetzungen die kindliche Wahrnehmung von Literatur ergänzen und erweitern.

Multimediales Erzählen unterscheidet sich von seiner Struktur her vom klassischen Erzählen. Im Vergleich zum Buch bietet die CD-ROM, außer den Sequenzen, in denen der Original-Text vorgelesen wird, keine vom Anfang bis zum Ende linear erzählte Geschichte. Vielmehr bestimmt der Nutzer durch seine Entscheidung die Abfolge der Interaktion und somit auch die Abfolge des Textes. Kinder schätzen es, sich mit den Figuren, die sie aus den Büchern kennen, in einer spielorientierten Variante weiter zu beschäftigen. Das Angebot animierter Bilderbücher und Spielgeschichten auf CD-ROM ist breit und die Qualitätsunterschiede sind groß. Eine Auswahl gelungener CD-ROM Produktionen, die auf kinderliterarischen Vorlagen beruhen, finden Sie in der Auswahlbibliographie in diesem Buch (S. 128ff.).

7 „Ich bin der Kasper und du das Krokodil"

Spiel und Theater mit Bilderbuch, Buchstaben und Worten

Kinder setzen sich im Rollenspiel mit ihren eigenen negativen und positiven Gefühlen auseinander, sie ahmen nach und üben Verhaltensweisen ein. Im Rollenspiel findet soziales Lernen statt, werden Konflikte bewältigt, darüber hinaus wollen Kinder aber auch ihre Freude am Verkleiden, Schminken und am Rollentausch ausleben. Dabei verschwindet das Kind nicht in seiner Rolle, sondern erlebt sich selbst und zugleich die Figur, die es spielt.

Rollenspiele stellen stets auch sprachliche Anforderungen an Kinder. Die Mitspieler verständigen sich untereinander oder bringen einer Figur sozusagen das Sprechen bei. Figuren ins Spiel zu bringen ist deshalb ein Impuls, der Kinder aus der sprachlichen Reserve holt. Sind Kinder gehemmt oder schüchtern, erleben sie den „Rückzug" hinter eine Figur oft als Hilfe, ihre Sprachangst zu überwinden und unbefangener zu sprechen. Zum einen kann ein Kind beispielsweise durch die spielende Figur zum Dialog und sachgerechtem Argumentieren motiviert werden, zum anderen bietet die Figur dem Kind in seinem eigenen Spiel die Möglichkeit, versteckt in der Rolle, geschützt durch die Figur zu sprechen und eine Handlung sprachlich zu gestalten.

Im Rahmen des Figurenspiels üben Kinder auch ihre Fähigkeit, auf Sprache zu hören, einem anderen zuzuhören. Diese Bereitschaft ist, neben der Sprechfähigkeit, ein wesentlicher Faktor mündlicher Kommunikation.

Szenische Sprach-Spiele

Bilderbücher geben vielfältige Anreize zum Spiel, in dem die Sprache eine tragende Rolle einnimmt. Sie bieten eine verschriftlichte Handlung, die szenisch umgesetzt werden kann. Die wörtliche Rede der Figuren wird von Kindern gern aufgegriffen und regt sie zum eigenen Formulieren an.

Der Klassiker „Du hast angefangen! Nein, du!" von David McKee (Verlag Sauerländer) ist beispielsweise ein Bilderbuch, das sich sowohl für eine Umsetzung im Rollenspiel als auch für ein Spiel mit Puppen (Stabfiguren, Sockenpuppen) bestens eignet: Die ausdrucksstarke und lebendige Auseinandersetzung der zwei Kerle mutet wie ein Kammerschauspiel an. Ihren absurden farbkräftig und im Cartoonstil dargestellten Konflikt tragen sie mit drastischer Gestik und Mimik aus. Und genau das gibt reichlich Impulse, die Geschichte selbst zu spielen. Die Unterhaltung der Monster, die sich in einem Streitgespräch zanken, ob der Tag kommt oder die Nacht geht, animiert zum dialogintensiven Spiel, insbesondere dann, wenn die zwei als Figuren (Flachfiguren oder Klappmaulpuppen aus Socken) zur Verfügung stehen.

Kinder übertragen Inhalte von Bilderbüchern auf ihre eigene Lebenssituation. Beispielsweise den Konflikt, den der Rote und der Blaue Kerl in „Du hast angefangen! Nein, du!" miteinander austragen. Streit und Auseinandersetzung kennen Kinder zur Genüge. Die Schimpfwörter, die sich die zwei Kerle dabei an den Kopf werfen, verwenden sie im Spiel. Dabei sichern die Kinder sich selbstverständlich ihren eigenen lustbetontem Umgang mit solchen normalerweise sanktionierten Wörtern. Im Rahmen einer vorgegebenen Spielhandlung jedoch werden alltägliche Verbindlichkeiten auch einmal für kurze Zeit über Bord geworfen.

Durch diese Geschichte lässt sich eine interessante Auseinandersetzung mit der Kraft und dem Sinngehalt von Worten erreichen. Kinder wissen aus eigener Erfahrung, dass Worte zu Wohlbefinden oder Verletzung führen können: Schreiben Sie die Schimpfworte, die die zwei Figuren gebrauchen, auf Zettel, die Sie in eine Dose packen. Bringen Sie diese „Schimpfwortdose" ins Spiel und lesen Sie den Kindern die Worte wie „labbriger Cornflake", „Pfurzpflaume" vor und unterhalten Sie sich anschließend mit den Kindern über Gespräche und Worte, die Konfliktsituationen prägen. Berichten Sie, dass der Rote und der Blaue sich eine Dose voll schöner Worte wünschen. Die Kindern können Ihnen die Worte diktieren, die sie selbst gerne hören, die ihnen gefallen, weil sie diese mit ihrem subjektiven Wohlbefinden verbinden. Die Wörter aus den Dosen können immer wieder gelesen oder auch um neue ergänzt werden. Die Schriftbilder der auf den Zettel aufgeschriebenen Schimpfworte können im Buch gesucht und wiedergefunden werden.

Figurentheater, Finger- und Reimspiele

Je vielfältiger Kinder Figurentheater, Fingerspiele und Reime erleben, desto wirkungsvoller wird sich ihr sprachförderndes Potenzial entfalten können. Oftmals sind es kleine Dinge und einfache Mittel, die bekannten Spielideen einen neuen Zauber verleihen:

- Fingerspiele sind nicht nur mit Fingerpuppen aufzupeppen, sondern auch dadurch, dass ein bemalter Handschuh getragen wird.
  Finger erhalten für das Fingerspiel Gesichter, die auf die Fingerkuppe gezeichnet werden.
  In die Handfläche wird ein Gesicht gezeichnet, um die ausgestreckten Finger wird ein Tuch gebunden, das als Kopftuch fungiert.
- Um Kindern im eigenen Spiel das sprachliche Gestalten von Spielhandlungen zu ermöglichen, sollten auch einige offene Figuren zur Verfügung stehen. Kasperlepuppen sind festgelegte Charaktere.
- Aus Karotten, Kartoffeln oder anderem Gemüse werden Stabpuppen, indem man diese an einem Holzstab befestigt.
- Haushaltsgegenstände wie Teesiebe und Kochlöffel, Pfannenwender und Kuchenschaufel werden zu Figuren.
- Als Bühne eignet sich alles, was eine ebene Linie bildet und etwa in Augenhöhe der Spielenden ist: eine Stuhllehne, ein im Türrahmen befestigtes Tuch oder eben ein Theater: fertig gekauft oder aus einem großen Karton gebaut.
- Ohne großen Aufwand kann beispielsweise mit Handfiguren eine Theateraufführung entstehen, in dem beliebig viele bemalte, mit Kopftuch verkleidete Kinderhände auftauchen. Die hinter einem Tuch verborgenen Kinder lassen ihre Hände tanzen und sprechen beispielsweise den bekannten Vers:

Meine Mu-, meine Mu-,
meine Mutter schickt mich her,
ob der Ku-, ob der Ku-,
ob der Kuchen fertig wär'.
Wenn er no-, wenn er no-,
wenn er noch nicht fertig wär',
käm' ich mo-, käm ich mo-,
käm' ich morgen wieder her.

- Bilderbuchfiguren lassen sich unkompliziert ins Spiel bringen, indem man statt aufwändiger dreidimensionaler Gestaltung auf flache Figuren zurückgreift. Die einfachste Form ist die aus Karton, Pappe oder Sperrholz ausgeschnittene Flachfigur, auf deren Rückseite als Haltestab eine dünne Holzleiste oder ein stabiler Kartonstreifen angebracht wird. Wenn Kinder Geschichten aus Bilderbüchern mit selbst gestalteten Figuren umsetzen, empfiehlt es sich, Geschichten mit einer überschaubaren Zahl von Figuren und nicht allzu vielen Szenenwechseln auszuwählen.

- Regen Sie die Kinder an, mit Hilfe von Figuren, eine eigene lautmalerische Sprache zu erfinden. Die Figuren können beispielsweise eine eigenständige unverständliche Sprache sprechen, die aus Silben besteht, z. B. „Dadadidodida".

Reizvoll ist auch das Zusammentreffen von zwei Figuren, wobei die eine verständliche Sprache spricht, die andere sich „unverständlich" äußert. Diese Figur ist vielleicht ein Fabelwesen, ein Außerirdischer von einem anderen Stern …? Aber auch eine Figur aus Gemüse (z. B. eine Kartoffel auf einem Holzstab) oder ein großes Haarsieb mit zwei Knopfaugen kann sich mit dem Kasperle oder dem Krokodil unterhalten. Da gilt es dann zu erraten, wo diese Figuren zu Hause sind, wie sie sich fühlen, was sie gerne essen …

Großen Spaß macht es Kindern auch, die Figuren mit so genannten sprachlichen „Unarten" auszustatten. Da gibt es Figu-

ren, die nach jedem Satz „Nicht wahr" sagen oder „Echt" oder
die ständig ein langgezogenes „Igitigit" oder „Ähähähah" ertö-
nen lassen.

Figuren können sich auch einfach nur begegnen (z. B. im
Kasperletheater oder in einem zum Fernseher umgestalteten
Pappkarton) und sich gegenseitig ein Gedicht aufsagen oder
eine Liedstrophe vorsingen.

Ein Gedicht als Drehbuch

Gedichte kann man in Szene setzen, denn sie arbeiten mit
sprachlichen Bildern, die selbst wieder eine Reihe von Assoziationen und Bildern im Kopf der Rezipienten freisetzen. Die
Idee, Gedichte szenisch zu spielen und die Abfolge in Bildern
festzuhalten, ist daher besonders reizvoll. Dabei werden Sprache und Bild kreativ inszeniert. Zunächst gilt es gemeinsam
mit den Kindern ihre Assoziationen zum Text auszuloten, in
Szenen zu gliedern und in einem Drehbuch festzuhalten: Welche Personen werden in jeder Strophe gebraucht, was für Re-
quisiten oder Geräusche sollen zum Einsatz kommen … Ist
das Gedicht oder der Reim in Spielszenen erarbeitet, werden
Kostüme bestimmt, Spielorte gesucht und dekoriert. In der
spielerischen Umsetzung kommen sprachliche Intonation, Mimik und Gestik ins Spiel. Die Einzelszenen werden gespielt und
mit der Kamera fotografiert. Der Text wird groß auf ein Plakat
geschrieben, die entwickelten oder ausgedruckten Bilder werden dazugeklebt – und das Ganze an die Wand gehängt.

Natürlich kann aus dem Material auch ein Bilderbuch entstehen. Werden die gespielten Szenen mit einem Dia-Film fotografiert und der gesprochene Text auf dem Kassettenrekorder
aufgenommen, kann das Gedicht als Ton-Dia-Schau vorgeführt
werden.

Literacy-Aktivitäten im Rollenspiel

In dieser ausgeprägten Art des Symbolspiels übernimmt ein Kind eine Rolle und füllt sie mit seinen persönlichen Fähigkeiten und Erfahrungen aus. Kinder spielen im Rollenspiel vertraute Situationen als fiktive Szenen nach. Sie tun so „als ob" sie schreiben und lesen oder spielen Schule, Bibliothek oder Einkaufen. Dabei integrieren sie typische Handlungsmuster in ihre übernommene Rolle und beziehen ihre Erfahrungen aus ihrer (möglichst sprachanregend gestalteten) Umwelt mit ins Spiel ein. In ihren Lese- und Schreibaktivitäten im Rollenspiel beschäftigen sich Kinder also auch mit den unterschiedlichen Facetten der Schriftsprachkultur. Kinder sollten in ihrem Spielumfeld über Materialien verfügen, die zum Lesen und Schreiben im Rollenspiel auffordern. Beispielsweise für das Rollenspiel

- in der Küche: Kochbuch, Rezepte, Notizzettel, Notizhalter, Pinnwand
- im Restaurant: Speisekarte, Bestellblock, Kasse
- beim Einkaufen: Einkaufsliste, Kasse, Tafel, Plakate
- in der Post: Adressaufkleber, Einzahlungsscheine, Briefmarken, Briefumschläge, Stempel
- mit Puppen: kleine Bücher, um den Puppen vorzulesen, Buchstabennudeln, um die Puppen zu füttern
- beim Arzt: Rezept-Formular, Karteikästchen, Terminkalender

8 Logos, Piktogramme, Bilderschriften ...

Von Zeichen umgeben

Bevor Kinder Buchstaben und Worte als immer wiederkehrende Bestandteile von Schrift entdecken, werden sie aufmerksam auf die Zeichen, die sie umgeben. Bei drei- bis sechsjährigen Kindern ist eine oft erstaunliche Sensibilität für markante Bildzeichen in ihrer Umwelt zu beobachten. In diesem Alter sind Kinder fähig, symbolisch zu denken, d. h. sie interessieren sich für Zeichen und ihre Bedeutung. Wird der spielerische Umgang mit alltäglich und überall vorkommenden Zeichen, Buchstaben, Wörtern und Texten unserer Kultur gefördert, so können sich Kinder früh die Funktionen und Formen, in denen Schreiben und Lesen auftreten, handelnd aneignen und erschließen.

Oft schon mit drei oder vier Jahren beginnen Kinder Verkehrszeichen zu „lesen". Das Auto mit den „Wellen" wird selbstständig als ein ins Schleudern gekommener Wagen erkannt. Auch die dreieckigen Warnzeichen für Baustelle oder den Fußgängerüberweg können jüngere Kinder im Vorschulalter oft schon definieren. Dieses wahrnehmende Interpretieren von Zeichen und Schemata ist eine Art des Lesens, bei der Bildzeichen optisch erfasst und mit Sinn belegt werden.

Mit Interesse prägen Kinder sich nicht nur Symbole aus dem Alltag ein, wie das der Post oder der Apotheke, sondern auch Symbole, die Marken repräsentieren, wie die Jakobsmuschel der Shell-Tankstelle, den Stern von Mercedes-Benz oder die ineinandergreifenden Ringe von Audi.

Kinder erkennen Schriftzüge von Markenprodukten wie Coca Cola, den der Milchtüte, die jeden Tag auf dem Frühstückstisch steht oder der Bank, an der die Eltern ihr Geld aus dem Automat beziehen. Solche Wort-Bilder prägen sich auch deshalb ein, weil Kinder den sozialen Bedeutungskontext erfahren und dadurch den semantischen Zusammenhang begreifen. Sie schließen, dass beispielsweise das gedruckte Wort „Bank" etwas mit Geld zu tun hat und erfassen die Wortgestalt als Ganzes, was nicht bedeutet, dass sie einzelne Buchstaben elementar erkennen.

Ein anderes bildhaftes Zeichensystem, das Kinder wahrnehmen und dessen Sinn sie sich erschließen, sind Logos, d. h. Zeichen aus Schrift und Bild wie McDonald's, Aldi oder das Logo von Fernsehkanälen wie ZDF oder KIKA.

Piktogramme, also Zeichen, die kulturunabhängig verständlich sind, prägen die unmittelbare Umwelt: Gabel und Messer weisen auf ein Restaurant hin, die stilisierten Umrisse eines weiblichen und männlichen Körpers auf die Damen- oder Herrentoiletten, ein Hörer auf die Möglichkeit zu telefonieren. Kinder erfassen diese stilisierten Informationen und setzen sich mit dem Sinn solcher Hinweise auseinander.

Zeichen entdecken und erforschen

Die Zeichenentdeckungen der Kinder zu thematisieren ist deswegen so bedeutsam, da sie eine Stufe auf ihrem Weg zum Schreiben und Lesen markieren. Ein grundlegendes Symbolverständnis und eine möglichst breite Erfahrung mit Symbolen und Bildern vor der Schulzeit ist für den späteren Schreib- und Leselernprozess förderlich. Einige anregende Aktionen:

- Bei einem Spaziergang in der Umgebung wird nach *Zeichen und Logos* gesucht und diese werden fotografiert. Aus den Bildern können sich immer wieder Gespräche ergeben, wo die Zeichen zu sehen sind und was sie bedeuten.
- Ein Ausflug zum Bahnhof gibt die Möglichkeit, intensiv *Piktogramme* zu studieren und zu erklären.
- Die *Verkehrszeichen* sind für die Orientierung der Kinder bedeutsam. Kinder benötigen Wissen über ihren Signalcharakter, um sich sicher durch den Straßenverkehr bewegen zu können. Zunächst werden die im Umfeld vorhandenen Zeichen entdeckt und dechiffriert. Die Sicherheitsfunktionen der Schilder können ins Spiel miteinbezogen werden. Beispielsweise regeln selbst gemalte Straßenschilder den Verkehr der Spielzeugautos etc.
- Die *Pflegeanweisungen von Kleidungsstücken* sind in einer Zeichensprache angegeben. Diese wird erforscht und die Ausführungshinweise werden in der Anwendung erprobt.
- Auf der *Tastatur des Computers* bieten sich ebenfalls neue Erkenntnisse im Zeichenland.
- In Textverarbeitungsprogrammen finden sich vielerlei Graphik- und Bildsymbole, mit denen Kinder experimentieren können.

- Auch *Flaggen, Fahnen und Wappen* dienen der symbolischen Verständigung. Welches Land welche Flagge hat, lässt sich in Atlanten herausfinden. Flaggen einzelner Nationen werden selbst gemalt und mit Nadeln auf die jeweiligen Länder einer Europa- oder Weltkarte gesteckt.

- *Familienwappen* dokumentieren mit ihren Motiven Bezüge zu Besitztum und Herkunft adeliger Familien. In Wappenbüchern können Kinder die Motive studieren und sich eigene Wappen für das Ritterspiel entwerfen, beispielsweise für ein Ritterschild aus Pappe.

- Im *Fußball* setzen Schiedsrichter Zeichen ein, damit alle Mitspieler die Regeln einhalten: es gibt Pfiffe, Hand- und Flaggenzeichen. Karten signalisieren Regelverstöße der Spieler. Zieht der Schiedsrichter die gelbe Karte, bedeutet das eine Verwarnung, die rote Karte bedeutet einen Platzverweis und der Spieler muss sofort den Platz verlassen.

- In der Tageszeitung können Kinder auf der *Wetterkart*e die Symbole für Sonne, Wolken, Regen, Schnee entdecken und versuchen zu verstehen, was Pfeile, Linien und Zahlen im Hinblick auf die Wetterlage bedeuten.

- Auf *Landkarten*, besonders interessant sind *Wanderkarten*, lässt sich ein bildhaftes Informationssystem entdecken, dessen Zeichen erklärt werden: Burgen, Fernsehtürme, Kirchen, Seilbahnen etc.

Eigene Zeichensysteme entwickeln

Für das Zusammensein in der Kita ist es hilfreich, gemeinsam mit den Kindern ein eigenes Zeichensystem zu entwickeln. Zum einen lassen sich Örtlichkeiten durch Zeichen erklären, zum anderen Tätigkeiten, die im Tagesablauf eine Rolle spielen. Funktionsräume oder -ecken werden mit den entsprechenden Symbolen gekennzeichnet: die Bibliothek wird durch ein Buch

symbolisiert, die Küche durch einen Herd, ein Pinsel symbolisiert das Malatelier und der Bleistift ist ein Zeichen für die Schreibwerkstatt. Gesprächsrunden, Kinderkonferenz, Vorlesen, Frühstücken oder Mittagessen, Ruhezeiten, Projektarbeit, Singen und Musikmachen, Geburtstag feiern, alle diese wiederkehrenden Erfahrungen sind symbolisch darstellbar. Durch die Visualisierung geben sie Kindern Orientierung und Hinweise, wie sie ihren Tag gestalten können.

In Verbindung mit dem Datum kann im Morgenkreis der Tagesablauf mit Zahlen, Schrift und Symbolen vermittelt werden.

Garderobenzeichen, Aufbewahrungskisten, Postfächer und Sammelmappen sollten eine Verbindung von Schrift und Abbildung zeigen. Namentliche Kennzeichnungen dienen schließlich dazu, das jeweilige Kind mit seiner Persönlichkeit zu integrieren, sie dokumentieren seine Anwesenheit und seinen Raum in der Kita.

Haben Kinder erst einmal den Sinn symbolischer Zeichen erfasst, beschäftigen sie sich gerne mit den Zeichen, die einen Hinweis- und Warncharakter haben. Sie schreiben eigene Strafzettel, entwickeln Verbotszeichen für die Gruppe, erfinden neue Zeichen für den Alltag.

Noten – das Geheimnis schwarzer Punkte

Noten sind Zeichen zur schriftlichen Festlegung von Tönen. Die Notenschrift ist ein Zeichensystem, das die schriftliche Darstellung von Musik ermöglicht. Die Notenschrift versinnbildlicht den musikalischen Verlauf, lässt aber Raum für unterschiedliche musikalische Interpretationen. Für Kinder bietet die Notenschrift reichlich Entdeckungsmaterial. Da gibt es die Notenköpfe, die sich in ihrem Aussehen und damit in ihrer Bedeutung unterscheiden, Punkte, Balken, Fähnchen und der Notenschlüssel können entdeckt werden. Der Anfang einer Liedmelodie wird in großen Noten aufgemalt und die Kinder erproben und spielen die Melodie auf dem Xylophon oder auf Gläsern, die verschieden hoch mit Wasser gefüllt sind. Die Notation bekannter Lieder kann betrachtet werden, das Lied kann zur Abwechslung auch mal nach Noten gesungen werden, indem beim Singen auf entsprechende Noten gezeigt wird. Kinder entdecken die Welt der Musik hörend und sind besonders im Vorschulalter offen für vielerlei Stilrichtungen. Wenn Kinder sich beispielsweise ein klassisches Stück mit Tanz und Spiel „erhört" haben, finden sie es auch interessant, eine Partitur zu studieren, die das Erlebte in Noten verschriftlicht zeigt.

Brailleschrift – Zeichen mit den Fingerspitzen lesen

Die international gültige Blindenschrift ermöglicht erblindeten Menschen den Zugang zu Schrift und Sprache. Louis Braille entwickelte im 19. Jahrhundert ein ertastbares Zeichensystem, bei dem für die einzelnen Buchstaben erhabene Punkte in unterschiedlichen Kombinationen in Papier gedrückt werden. Diese sind so angeordnet, dass sie mit den Fingerkuppen abtastbar und somit lesbar werden. Für Kinder ist die Auseinandersetzung mit der Braille-Schrift nicht nur ein sinnliches Experiment, sondern vermittelt ihnen auch, wie blinde Menschen sich Zugang zur Literatur schaffen können. Dabei werden die einzelnen Braille-Zeichen verglichen und die Kinder können „mit den Fingern lesen". Diese Schrift für Nichtsehende kann selbst hergestellt werden, indem man die vorgezeichneten Punkte mit einem spitzen Gegenstand eindrückt.

Punktschriftbücher sind über Bibliotheken ausleihbar. „Wir verstehen uns blind" lautet der Titel eines Bilderbuchs von Franz-Joseph Huanigg und Verena Ballhaus (Anette Betz Verlag, Wien 2005), hier wird die Geschichte eines Blinden erzählt, der anderen das Sehen lehrt. Teile des Textes zeigen Brailleschrift.

Bilderschriften alter Kulturen

Zwischen dem Malen von Bildern und dem Schreiben von Texten steht die Bilderschrift: Vor zweihundert Jahren konnte niemand die Bilderschriften der Mayakultur und der alten Ägypter lesen. In mühevoller, jahrelanger Forschungsarbeit gelang es, große Teile dieser Schriften zu entziffern. Aus der altägyptischen Hieroglyphenschrift gibt es etwa 24 einkonsonantige Zeichen, die unserem Alphabet zugeordnet sind. Auch die Bilderschrift der Mayas ist in vereinfachter Form alphabetisch nutzbar. Mit solchen Tabellen können Kinder beispielsweise ihren Namen in Hieroglyphen oder Maya-Glyphen schreiben.

„Die Geschichte der Schrift" von Andrew Robinson (Patmos Verlag) ist ein anregendes Buch, das bildhaft in die Vielfalt der Alphabete einführt.

Experimentieren mit Bliss-Symbolen

Bliss Symbole, die Charles Bliss als vereinfachtes internationales Verständigungsmittel entwickelt hat, werden weltweit seit über dreißig Jahren besonders von Menschen verwendet, die nicht oder kaum sprechen können. Die graphischen Symbole sind so einfach, dass Kinder sie leicht reproduzieren können. Bliss kann eine Brückenfunktion zwischen gegenständlichen Kinderzeichnungen und der alphabetischen Lautschrift übernehmen: zwischen dem Gemeinten und dem Aussehen der Symbole besteht ein enger Zusammenhang. Beim Entschlüsseln und Aufschreiben zusammengesetzter Symbole üben Kinder analytisch und synthetisch vorzugehen. Bliss ermöglicht Kindern somit intensivere „Leseerlebnisse" als das ganzheitliche Lesen von Logos und anderen bildhaften Zeichen.

Bilderbücher, deren Text zusätzlich in Bliss-Symbolen wiedergegeben ist, sind für Kinder eine besonders reizvolle Quelle, die Bildhaftigkeit dieser Schrift zu erforschen. *„Lalu und die Schöpfung"* erzählt die biblische Schöpfungsgeschichte nach, *„Der kleine Lalu"* erzählt von einem einsamen Kind, das aus der Begegnung mit dem Mondprinzen die Kraft schöpft, seine Isolation zu überwinden. Autorin und Illustratorin dieser im Rex Verlag erschienen Bilderbücher ist Helga Hornung.

Schriftzeichen unterschiedlicher Kulturkreise

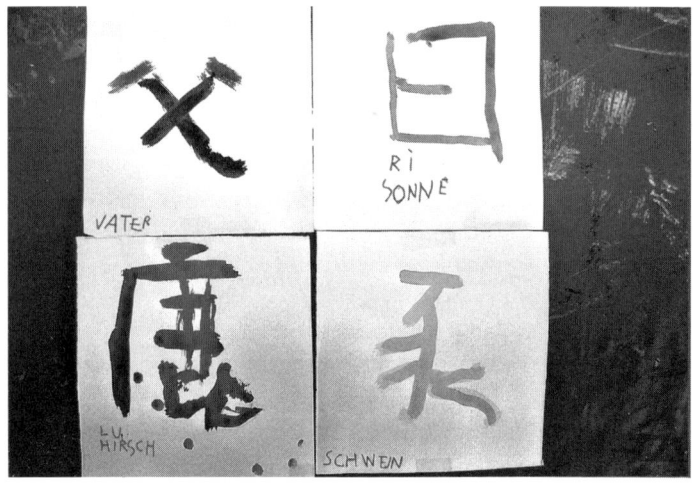

Die kalligraphische Gestaltung chinesischer und japanischer Schriftzeichen hat für Kinder einen großen Aufforderungscharakter. Asiatische Kalligraphie-Sets, Schriftpinsel und Tuschen sowie zahlreiche Bücher über die chinesischen Schriftzeichen ermöglichen, diese Schriftkultur mit Kindern zu erforschen.

Ein, zwei und drei waagrechte Striche symbolisieren zum Beispiel die Zahlen eins, zwei und drei. Einfache bildhafte Zeichen für Mann, Frau, Sonne, Mond und auch kunstvolle kalligraphische Zeichen für die Jahreszeiten können Kindern die großartige Erfahrung verschaffen, mit dem Pinsel und Tusche „chinesisch" schreiben zu können. Chinesische Schriftzeichen – vom Bild zum Begriff, vermittelt das Buch „Gemalte Wörter" von Edoardo Fazzioli (Marix Verlag, Wiesbaden 2004).

Die Eltern von Kindern aus anderen Kulturkreisen können dazu beitragen, dass Kinder die Vielfalt von Schriftzeichen entdecken: die arabische Schrift, die von rechts nach links geschrieben wird, das kyrillische oder griechische Alphabet ... Wer nicht auf die Unterstützung von Eltern zurückgreifen kann, findet Schriftzeichensätze in den Textverarbeitungsprogrammen des Computers. „Das Notizbuch des Zeichners" ein wunderbar illustriertes Bilderbuch von Mohieddin Ellabbad (Atlantis im Orell Füssli Verlag, Zürich 2002) lässt den Leser erleben, dass ein arabisch geschriebenes Buch von rechts nach links durchgeblättert wird und der Buchtitel demzufolge auf der Rückseite steht. Ein Bilderbuch, das sich für Kinder im Hortalter besonders eignet.

Einen Überblick über die unterschiedlichen Schriftzeichen, mit denen auf der ganzen Welt geschrieben wird, gibt der Nachdruck des 1878 von Carl Faulmann verfassten Buchs „Schriftzeichen und Alphabete aller Zeiten und Völker" (erschienen bei der Verlagsgruppe Weltbild).

9 Buchstaben, Worte und Sätze ...

Kinder auf dem Weg zur Schrift

Schreiben und Lesen lernen Kinder am allerbesten in einer Atmosphäre der Toleranz und der Würdigung der kommunikativen Funktion des Geschriebenen. Kinder brauchen vor allen Dingen Eigenaktivität, Zeit und Muße für die Entdeckung der Schrift. Bei dieser Reise in die Welt der Buchstaben und Worte sollen sie ihr eigenes Tempo wählen können.

Die pädagogische Qualität einer Einrichtung zeigt sich darin, dass im Alltag vielfältige und Sprach- und Schreibanlässe geschaffen werden, die es dem Kind ermöglichen, Einsichten in die Systematik der Schrift zu gewinnen. Das beinhaltet auch die pädagogische Fähigkeit, die Schreibversuche von Kindern phasenspezifisch wahrzunehmen und ihre Entwicklung zu beobachten. Dabei gilt es, den Schreibleistungen von Kindern sensibel und wertschätzend zu begegnen und eine positive Fehlerkultur zu leben.

Die Stufen des Schreiblernprozesses

Schreiben ist zunächst kein spontanes Bedürfnis von Kindern. Kinder begegnen dem Thema Schrift zuerst über die pure Nachahmung der Verhaltensweisen schreibender Erwachsener. Diese vorliterarisch-symbolische Stufe des Schreibens beginnt, wenn Kinder kritzelnd den Schreibvorgang imitieren und versuchen, die Motorik des Schreibens und das Hinterlassen von Linien und Spuren auf dem Blatt nachzuahmen. Beispielsweise wenn sie bei ihren ersten, oft nicht linear, sondern eher flächig gestalteten Schreibversuchen fantastische Symbole, Linien oder Wellen „schreiben". In erster Linie geht es ihnen um die Freude daran, selbst Verursacher zu sein. Dabei verfeinern und erweitern sie ihre graphomotorischen Grundfertigkeiten zum Schreiben durch ständiges Probieren.

Oft lassen sie sich dabei an einem bestimmten Punkt etwas vorlesen. Damit vermitteln sie, dass sie einen wichtigen Schritt zum Verständnis von Schrift bereits begangen haben: Sie haben begriffen, dass Buchstaben oder ihre eigenen Erfindungen Zeichen sind, die etwas bedeuten, die für etwas stehen. Zeichen kann man lesen, sie haben einen Sinngehalt, den man ihnen entlocken kann. Diese Erkenntnis ist für sie ein genauso großer Schritt wie er es für die Menschheit war: der Beginn der Abstraktion.

Wenn Kinder bemerken, dass ihre Zeichen anders vorgelesen werden als sie es erwarten, erleben sie die Ernüchterung, dass die Zeichen der Schrift keine beliebigen sind, sondern offenbar festgelegte Zeichen. Das Prinzip der Schrift ist es, eine Lautfolge abzubilden. Kinder können dies zuerst einmal nicht verstehen und wählen eigene Wege, um das Problem zu lösen. Sie übertragen ein Prinzip, das sie vom Malen kennen: sie ersetzen Gegenstände durch Zeichen. Für das Wort Blume wird eine vereinfachte Blume gemalt, ein Symbol. Solche Bilderschriften, die Kinder dann entwickeln, finden sich beispielsweise im alten Ägypten und in der Kultur der Mayas.

Andere Kinder erfinden ihre eigene Schrift, die für andere nicht zu verstehen ist. Da sie mit ihrer Schrift keine Kommunikation betreiben wollen, muss diese auch niemand verstehen. Ihre Schriftzeichen können also ebenso abstrakt sein, wie es Buchstaben sind, denn sie müssen keine Ähnlichkeit mit den Dingen aufweisen, die gemeint sind. Manche Kinder repräsentieren in ihren Schrifterfindungen auch Symbolzeichen. Andere Kinder definieren ihre Zeichen, indem sie erklären, was sie bedeuten. Diese persönlich erfundenen Schriftzeichen haben sinngemäß mit dem üblichen Gebrauch der Schrift zu tun. Sie sind genauso abstrakte Zeichen wie es Buchstaben sind. Andere Kinder entscheiden sich gegen eine Lesbarkeit ihrer eigenen Schriftzeichen. Nicht selten sind sie aber lesbar, wenn man ihre grafische Gestaltung in Verbindung mit der Situation betrachtet, in der sie entstanden sind. Für eine Kämpferschrift werden schroffere und kantigere Zeichen verwendet als für eine leichte, beschwingte Feenschrift. Befassen sich Kinder in solch aktiver, schöpferischer Form mit der Gestaltung von Schriftzeichen, beabsichtigen sie damit, etwas auszudrücken.

Mit vielen verschiedenen Grundformen wie offenen und geschlossenen Linien und Bögen erfinden Kinder Zeichen neu und suchen aktiv ihren Zugang zur Schrift. Dabei malen sie auch Buchstaben ab, fahren sie nach oder übermalen sie.

Wenn Kinder, die bisher nur unsortierte Buchstaben-Kolonnen malten, auf einmal beginnen, ein richtiges Wort zu schreiben, haben sie in ihrer Entwicklung die logographische Stufe erreicht. Ihr Wissen, dass Wörter durch Buchstabenfolgen abgebildet werden, zeigt sich in ihren Versuchen, bestimmte, für sie wichtige Wörter zu schreiben, meistens ist das zuerst der eigene Name.

Charakteristisch in dieser Phase ist es, dass den Kindern beim Schreiben des Wortes die Verbindung von Laut und Buchstabe noch nicht bewusst ist. Sie sind noch nicht in der Lage, die Buchstabenfolge eines Wortes (z. B. OPA) als eine bestimmte Folge von Sprachlauten zu erkennen.

In der logographischen Schreibphase betrachten Kinder die Gestalt des Wortes und prägen sich das Wortbild als Ganzes ein. Das Wort ist dabei eine Art Logo mit Wiedererkennungswert.

Eine solche Leistung ist mit positiven Rückmeldungen zu würdigen. Allerdings ist damit nicht die Erwartung zu verbinden, dass nun auch andere Wörter geschrieben und gelesen werden.

Möglicherweise erkennt ein Kind überall das Wort MAUS: in der MAUSefalle und der HausMAUS. Das Wort MAMA, das einfacher aufgebaut ist als MAUS, kann es aber nicht erlesen, da es dieses Wortbild noch nicht abgespeichert hat.

Ein absolut bedeutender und entscheidender Schritt in der Schriftsprachentwicklung ist die Lauterkennung, die viel mehr beachtet und bewundert werden müsste. Wenn Kinder erkennen und hören, Katze fängt mit K an, dann haben sie den Code geknackt. Allerdings ist dann noch eine lange Zeitspanne mit vielen Untersuchungen nötig, um allmählich dem Geheimnis auf die Spur zu kommen, wie Laute in Buchstaben umzusetzen sind.

Einen qualitativ neuen Entwicklungsschritt markiert der Eintritt in die alphabetische Stufe: Zu Beginn ihrer alphabetischen Strategie erkennen die Kinder den Zusammenhang zwischen Laut und Buchstabe. Anfänglich schreiben sie meist den Anlaut eines Wortes, also *M* für *M*AUS oder sie verschriftlichen den Laut, den sie am deutlichsten aus einem Wort heraushören: zum Beispiel *R* für BRILLE.

Danach kommt es zur so genannten „Skelettschreibweise", in der Kinder einzelne Laute wie RTA für RITTER oder FT für PFERD wiedergeben. Auch das Lesen ist in dieser Phase noch sehr mühsam, denn die Kinder müssen Buchstabe für Buchstabe, Laut für Laut erlesen oder auflautieren und zusammenschleifen.

Haben Kinder gelernt, die Anlauttabelle zu nutzen oder haben sie sich geübt, die Laute in Buchstaben zu übersetzen, sind sie zur verfeinerten akustischen Lautanalyse fähig.

In dieser letzten Phase der alphabetischen Stufe schreiben die Kinder so, wie sie ein Wort hören, also lautgetreu. Sie hören jedes Wort ab und schreiben jeden Laut auf. Da aber unsere Schriftsprache keine lautgetreue Sprache ist, beachten Kinder dabei keine orthographischen Regeln. VATA (Vater), RITA (Ritter), FOGL (Vogel), ROIBER (Räuber), oder GATN (Garten) sind Beispiele solch lautgetreuer Schreibweisen. Entsprechend geben die Kinder beim Abhorchen ihrer eigenen Aussprache umgangssprachliche Muster wieder. Anfangs schreiben Kinder oft auch Sätze, ohne zwischen den einzelnen Wörtern einen Abstand zu lassen.

In dieser Phase ist es von größter Bedeutung, Kinder nicht mit normgetreuer Rechtschreibung zu konfrontieren. Sie brauchen den Freiraum der „Schreibe-wie-du-hörst"-Strategie. Dadurch können sie stressfrei üben und allmählich vollends entdecken, wie Laute in Buchstaben umzusetzen sind. Die Eigenheiten der Rechtschreibung würden sich dabei ziemlich störend auswirken und Kindern eher das Gefühl vermitteln, dass das Schreiben eine fürchterlich komplizierte Angelegenheit ist. Viel wichtiger ist es, dass Kinder die lautliche Verschriftlichung sicher beherrschen, denn diese ist die Grundlage für den Beginn der orthographischen Stufe. In dieser Phase des Prozesses der Schreibentwicklung verlassen die Kinder den Einflussbereich des Kindergartens und wechseln in die Schule.

Die orthographische Stufe führt Kinder von der Lautschrift zur Beherrschung von Rechtschreibmustern. Die Kinder passen schließlich die lautgetreue Schriftweise der gängigen Rechtschreibung an. Diese Phase braucht Zeit. Die Kinder wenden Rechtschreibregeln an und sind so immer mehr fähig, Wörter aus ihrem „inneren Gedächtnis" abzurufen.

Für eine positive Fehlerkultur

Kinder dürfen beim Schreibenlernen nicht beschämt werden, wenn sie Fehler im Sinne der normierten Rechtschreibung machen. Rechtschreibfehler gelten heute nicht mehr als Ausdruck des Scheiterns, sondern als entwicklungsnotwendige Zeichen phasentypischer Zugriffsweisen auf Schrift. Insbesondere wenn Kinder im Vorschulalter die lautorientierte, alphabetische Strategie anwenden, brauchen sie vielfältige und spielerische Zugriffsweisen auf Schrift. Nur so lassen sich in diesem Stadium die Basisfähigkeiten des Verschriftens trainieren, weiter ausbauen und so weitgehend automatisieren, dass Freiräume für Gedanken und Erkenntnisse entstehen, durch die neue und andere Zugriffarten auf Schrift erprobt werden können. Erst die kognitive Entlastung, die die Durchführung automatisierter Handlungen bietet, schafft die Ruhe und Ausgeglichenheit, die der kindliche Organismus braucht, um die konstruktive Kraft für den nächsten Entwicklungsschritt aufzubringen.

Im Prozess des Schreibenlernens gehört dazu der unaufgeregte Umgang

- mit der Raumlage einzelner Buchstaben,
- mit spiegelbildlich geschriebener Schrift,
- mit fehlenden Wortzwischenräumen,
- mit orthographischen Abweichungen wie Skelettschreibweise oder lautorientierter Schreibweise.

Die Schreibmotorik erproben

Um Buchstaben in ihrer Form und in einer Reihenfolge auf ein Blatt zu schreiben, brauchen Kinder nicht nur die Vorstellung, dass Buchstaben eine Bedeutung transportieren, sondern auch eine gute Hand-Augenkoordination und entsprechend ausgebildete feinmotorische Fähigkeiten. Dafür bietet der Alltag viele Übungsfelder.

▪ Die *Feinmotorik* ausbilden: Erbsen mit einer Pinzette umfüllen, Knautschsäckchen oder Knete durchkneten, Knoten machen, matschen, auf- und zuknöpfen, Schraubverschlüsse auf- und zudrehen, Perlen auffädeln, ausmalen, Papier reißen und falten.

▪ Die *optische Wahrnehmung* fördern: Links und rechts unterscheiden lernen, um die Schreibrichtung einzuhalten: beim Straße überqueren die Blickrichtung links-rechts-links lernen, beim Tischdecken das Besteck auflegen. Bildausschnitte wiederfinden.

▪ Den *geraden Schreibschwung* vieler Druckbuchstaben üben: an Teppichkanten entlanggehen, zwei Punkte mit einem Strich verbinden, gerade Linien mit dem Stift nachfahren, Murmeln auf der Kugelbahn sausen lassen

▪ Die Arkaden und *Girlandenschwünge* üben: Seil springen, mit Tüchern die Schwünge in die Luft schwingen, nach unten (m) und nach oben geöffnete Bögen (u) in der Umgebung entdecken, die Schwünge zeichnen.

▪ Den *ovalen Schreibschwung* üben (o): Teig rühren, Wolle aufwickeln, Kabel aufrollen, Schüssel abtrocknen, umrühren, das Oval in die Luft oder den Sand malen.

▪ Den *Schleifenschwung* erleben: einen Faden um die Finger weben, die Achterbahn nachfahren, eine liegende Acht in den Sand malen.

Muster der Schreibschwünge kann man den Kindern auf Blätter vorzeichnen, damit sie diese Muster fortlaufend weiterzeichnen können.

Buchstaben entdecken

Buchstaben mit ...

Buchstaben unterscheiden sich in ihrer formalen Gestaltung. Bestimmte Merkmale lassen sich aber immer wieder finden wie beispielsweise:
– Buchstaben mit Strichen: T E F
– Buchstaben mit Punkten: i j
– Buchstaben mit Tunnel: n m h
– Buchstaben mit Bauch: d q b p
Auf einen Karton werden vier große Kreise gemalt. Unter jeden Kreis schreibt man das Gestaltungsmerkmal, nach dem die Buchstaben sortiert werden. Im Kreis stehen die Buchstaben geschrieben.

Die Kinder ordnen Buchstaben, aus einem Bestand in Groß- und Kleinschreibung, den entsprechenden Kreisen zu. Durch die intensive Betrachtung der Formen prägen sich die Schriftbilder der Buchstaben ein.

Buchstaben begreifen

Dreidimensionale Buchstaben sind wichtige Sinnesmaterialien, denn sie ermöglichen das begreifbare Erfassen des Alphabets.
▪ Der Buchstabe wird gezeigt und lautsprachlich vorgestellt: „Das ist A!A!A!"
▪ Der Buchstabe wird nach einem exakten Vormachen durch den Erwachsenen vom Kind berührt bzw. nachgefahren (motorisch erfasst).

- Die Kinder üben sich im Wiederkennen, indem sie aufgefordert werden, einen Buchstaben zu zeigen und ihn jemandem zu geben.
- Die Kinder werden gefragt, wie die Buchstaben heißen: „Was ist das?"
- Mit Hilfe eines beweglichen dreidimensionalen Alphabets aus Holz oder Plastik kann das Kind Worte, die es vom Klang her analysiert, zusammensetzen und Dingen zuordnen, indem es die Buchstaben nimmt und das Wort aufbaut. Dabei sollte mit einfachen, kurzen Worten begonnen werden: Oma, Eis, Maus, Hund usw.
- In der Montessori-Pädagogik sind großformatige auf Holzplättchen aufgezogene Sandpapier-Buchstaben das Schlüsselmaterial, das Kindern den Zugang zum Schreiben und Lesen ermöglicht. Die Vokale haben eine blaue, die Konsonanten eine rosa Grundfarbe. Über das taktile Berühren der Sandpapierfläche erfassen Kinder die Ausformungen der einzelnen Buchstaben.

Buchstabenangeln

Das ABC wird in Großbuchstaben auf Kärtchen geschrieben. Jedes Kärtchen wird mit einer Büroklammer versehen. Mit einer Magnetangel werden die Buchstaben aus einem Aquarium, Glas oder Karton gefischt. Zu jedem gefischten Buchstaben wird auf der Anlauttabelle ein Wort gesucht, das mit dem gleichen Buchstaben beginnt.

ABC-Bücher

ABC Bücher fordern ihre Betrachter auf, den Anfangsbuchstaben und Anlaut eines geschriebenen (gedruckten) und gesprochenen (gehörten) Wortes in Beziehung zu bringen: Das Wort „Tiger" fängt mit T an.

ABC- Bücher haben eine lange Tradition und motivieren Kinder, dem Alphabet folgend assoziativ das Bild („Tiger") mit dem gedruckten (gesprochenen) Wort zu verknüpfen. So versuchen Kinder, anhand der Bilder die Buchstaben zu benennen. Der Aufforderungscharakter solcher Bücher regt zur optischen Wahrnehmung einzelner Buchstaben und damit auch zum Schreiben an. Literaturtipps finden Sie in der Auswahlbibliographie in diesem Buch (S. 128ff.).

Buchstaben-Theater mit Klappmaulfiguren

Socken werden in Tierfiguren verwandelt. Diese haben im oberen Teil des Mauls Großbuchstaben, die auch ihre Anfangsbuchstaben sind. Im unteren Maul ist ihr Name geschrieben: von A wie Affe bis Z wie Zebra. Solche Puppen sind einerseits eine sehr spielerische Erkundung des ABC, andererseits kann die Theaterbühne auch Schauplatz kleiner Geschichten rund um das Tier-Alphabet sein. Die Herstellung einer Klappmaul-Puppe ist einfach: eine Socke wird an der Fußspitze aufgeschnitten und ein Maul aus Pappe oder Filz eingefügt. Die typischen Merkmale der Tiere lassen sich aus Wolle, Filz, Knöpfen und ähnlichen Materialien gestalten.

ABC Collage

Drucksachen aller Art sind der Fundus für die Buchstabencollage. Dazu wird der jeweilige Buchstabe als riesiger Großbuchstabe aufgezeichnet, ausgeschnitten und angemalt. Dann suchen die Kinder in diversen Printmaterialien die entsprechenden Buchstaben, schneiden diese aus und kleben sie in den Umriss des jeweiligen Großbuchstabens. Dabei wird geübt, den Buchstaben in Groß- und Kleinschrift sowie in einem anderen Schriftbild zu erkennen.

Buchstabenjagd

Die Umgebung der Einrichtung bietet sich den Kindern als Entdeckungsfeld für Buchstaben an: Straßenschilder, Beschriftungen an Ladengeschäften, die Praxistafel des Arztes, die Nummernschilder der Autos oder die Beschriftung eines Abwasserdeckels – Kinder werden viele Buchstaben finden, wenn sie sich auf die Suche begeben.

Ausgerüstet mit festen Schreibunterlagen und dicken Stiften gehen die Kinder im Stadtteil auf die Suche nach Buchstaben und schreiben ihre Entdeckung ab. Später denken sie sich eine Geschichte aus, in der die gefundenen Worte eingebaut werden. Die Erzieherinnen schreiben den Text auf dem PC und die Kinder schreiben ihre gefundenen Worte noch einmal ab, damit diese eingescannt und so zum selbst geschriebenen Teil der Geschichte werden. Die Geschichte wird ausgedruckt und jedes Kind bekommt sein eigenes Geschichtenbuch.

AUF DER STRASSE TRIFFT ER

HANNES BUSCH

SIE WOLLEN BASEBALL SPIELEN.

MIT DEM KYNAST FAHRRAD

AUS DEM FAHRRAPLADEN FAHREN

SIE ZU EINER GROSSEN WIESE.

Tanzende Buchstaben

In der spielerischen Beschäftigung mit Schrift ist vieles möglich: Kinder gestalten gerne Bilder, in denen sich die Buchstaben einfach als Zeichen tummeln. Buchstabenstempel sind für solche bildnerischen Gestaltungen sehr anregend, da mit ihnen Buchstaben einfach und beliebig oft reproduzierbar sind. Per Stempel regnen Buchstaben vom Himmel, klettern einen Berg hoch, tanzen übers Blatt oder fliegen davon ... Buchstabenstempel können aus Kartoffeln geschnitzt oder aus Stücken von alten Fahrradreifen selbst hergestellt werden.

Buchstaben im Spiegelkabinett

- Die Kinder schreiben ihren Namen auf ein Stück Transparentpapier und begutachten ihn im Spiegel. Sie stellen fest, dass sich die Buchstaben in Spiegelschrift zeigen. Wenn sie ihn seitenverkehrt vor den Spiegel legen, wird er im Spiegel lesbar.
- Zeichnen Sie für die Kinder symmetrisch aufgebaute halbierte Großbuchstaben (H, U, E, X, T, O, W) und lassen Sie diese mit einem Spiegel wieder ganz herzaubern.
- Zwei Spiegelkacheln oder Spiegelfolien werden entlang einer Kante mit Klebstreifen zu einem Doppelspiegel zusammengeklebt, so dass sich die Spiegelfläche innen befindet.
- Ein Buchstabe aus Holz wird auf den Tisch gelegt und der Doppelspiegel dahinter aufgestellt. Wenn die Kinder beide Spiegel gleichzeitig langsam wie ein Buch zusammenklappen, erscheint der Buchstabe vervielfältigt. Je enger die Spiegel zusammengeschoben werden, desto öfter ist der Buchstaben im Spiegel zu sehen.

Das Sandkasten-Alphabet

Aus faustgroßen Kieselsteinen lässt sich ein attraktives Alphabet gestalten, mit dem die Kinder im Sommer draußen auf der Wiese oder im Sandkasten „schreiben" können.

Die Buchstaben werden mit Permanentmarkern auf Steine geschrieben, wobei man diejenigen, die am häufigsten gebraucht werden, die Vokale, gleich vielfach herstellen kann. In Steigen aus Holz gelagert, haben die Kinder einfachen Zugriff auf die Zeichen und können damit immer wieder neue Worte schreiben.

Den eigenen Namen schreiben

Der eigene Name hat für das Kind eine besondere Qualität, da er mit starken Gefühlen belegt ist. Das Namenschreiben weist darauf hin, dass Schrift von Anfang an ein Bedeutungsträger ist, ein Mittel, festzuhalten, was einem wichtig ist. Der persönliche Sinn motiviert Kinder, sich den noch mühsamen Schreibvorgang zuzumuten. Auch Namen von Tieren und Personen sind für Kinder bedeutsam. Es ist eine Möglichkeit, sich Welt anzueignen, sie verfügbar zu machen und Besitz von ihr zu ergreifen.

Die Bedingungen beim Namenschreiben sind (meist) günstig: die Anzahl der Buchstaben ist begrenzt, sodass Kinder motiviert und wiederholt oft ganze Seiten mit ihrem Namen beschreiben – nicht um zu üben, sondern aus Spaß und Lust.

Namen- und Bildkarten

Die Namen der Kinder werden im PC geschrieben: Schriftgröße ca. 28 Punkt in einer serifenlosen Schrift, beispielsweise „Arial". Da sich Kinder meist die ersten Einzelbuchstaben als Großbuchstaben einprägen, sollten die Namen auch in Großbuchstaben geschrieben werden. Die Namen werden doppelt ausgedruckt und in Streifen geschnitten.

Die Kinder fotografieren sich gegenseitig im Portrait (d. h. Gesicht, Hals und Schultern). Die Bilder werden 9x13cm groß entwickelt. Jedes Foto wird auf Karton geklebt, unter das Foto wird der ausgedruckte Name geklebt. Der zweite Streifen mit dem Namen wird passend geschnitten. Die Namen und die Namenbildkärtchen werden laminiert. Mit diesem Set lassen sich Buchstaben und Wörter erkunden:

- Die Namen werden den Fotos zugeordnet.
- Die Namen werden mit einer Büroklammer versehen, mit der Magnetangel geangelt und den Abbildungen zugeordnet.
- Die Anfangslaute der Namen werden gesprochen und gehört.
- Der Name wird selbst geschrieben.
- Die Namen mit denselben Anfangsbuchstaben werden gesucht.
- Alle Namen, die ein A, I etc. besitzen werden gruppiert.
- Kurze und lange Namen werden gesucht.

Als Ergänzung können die Namen mit dem Geburtsdatum und dem Sternzeichen versehen werden.

Worte schreiben und lesen

Beschriftung

Wählen Sie Gegenstände aus, die Sie beschriften. Holen Sie sich immer wieder einen der Gegenstände auf den Tisch und schreiben Sie die entsprechenden Worte auf Zettel oder Kärtchen. Helfen Sie dem Kind, diese Schrift zu entziffern und den Gegenständen zuzuordnen. Durch dieses immer wiederkehrende Spiel werden auch andere Kinder fasziniert und beteiligt, und sie lernen oft gemeinsam, dass die Kulturtechniken Schreiben und Lesen Kommunikation ermöglicht.

Lassen Sie die Kinder einen Bereich von Gegenständen, die in Körbchen angeboten werden, durch die Zuordnung von Lesekarten erobern.

Beschriften Sie den Tisch, das Fenster, die Tür, den Vorhang etc., indem Sie die Worte, evtl. auch in mehreren Sprachen, auf Kärtchen schreiben und diese an den Objekten anbringen.

Worte fädeln

Ein motivierendes Materialangebot sind Perlen, auf die Buchstaben gedruckt sind. Diese sind fertig bedruckt erhältlich oder können aus Pappmaschee selbst hergestellt werden. Spielend können durch das Auffädeln der Buchstaben „Wörterschlangen" oder Namenketten gebildet werden. Dabei üben sich Kinder, Wörter nachzubilden, sie erkunden die Namen der Buchstaben und die Reihenfolge, in der sie ein Wort bilden.

Anders schreiben

– mit Fingerfarben schreiben
– in den Sand schreiben
– in den Schnee schreiben
– mit der Buchstaben-Suppe auf den Tellerrand schreiben
– auf das Pflaster schreiben
– auf die Erde schreiben
– auf einen Stein schreiben
– auf eine Schiefertafel schreiben
– auf eine beschlagene Fensterscheibe schreiben
– mit dem Finger auf einen eingeschäumten Rücken schreiben
– mit einer Hühnerfeder schreiben
– mit selbstgemachter Tinte schreiben
– mit dem Finger in die Luft schreiben
– mit geheimer Tinte schreiben

- mit Lippenstift auf den Spiegel schreiben
- auf durchsichtige Folie oder Pergamentpapier schreiben und ans Fenster hängen
  auf Plastikfolie schreiben und als „Raumteiler" aufhängen
- in verglaste Dia-Rähmchen schreiben
- Schrift in Ytong ritzen
- auf Tontafeln schreiben
- auf ein Osterei schreiben
- auf Blätter von Bäumen schreiben
- auf eine Torte schreiben
- mit Holzkohle schreiben
- Buchstaben in Stoff sticken
- Buchstaben ausschneiden, auf einen Apfel heften und nachreifen lassen
- Buchstaben mit Kressesamen schreiben und wachsen lassen
- Buchstaben backen
- Buchstaben mit dem Körper formen
- mit dem Blütensaft des Löwenzahn schreiben

Schreibimpulse in Bilderbüchern

Bilderbücher, in denen Schriftzeichen als hervorstechendes oder besonderes Element der Bildgestaltung verwendet werden, bieten Kindern interessante Möglichkeiten, Schrift zu entdecken.

Im Bilderbuch „*Die Königin der Farben*" von Jutta Bauer (Beltz & Gelberg, Weinheim und Basel 1998), ruft die Königin ihre Untertanen, die Farben. Ihr Ruf nach dem „Rot" und „Blau" ist verschriftlicht abgebildet. Die Farbworte können aufgegriffen und von den Kindern geschrieben werden. Die Kinder können Gegenstände in den jeweiligen Farben zusammentragen und von zu Hause mitbringen. Die Bezeichnungen der Gegenstände werden auf kleine Schilder geschrieben und dazugestellt. So entstehen interessante kleine Farbmuseen und die Schriftsprache kommt ins Spiel.

Das Bilderbuch „*Eins zwei drei Tier*" von Nadia Budde (Peter Hammer Verlag, Wuppertal 1999) besticht durch besonders originelle Figuren: Benno, Eddy, Rolf und Wolf, Biene und Ziege – sie alle sehen hinreißend komisch aus und agieren getreu dem Motto: Eins, zwei, drei – der Vierte ist immer ein anderer, tanzt sozusagen aus der Reihe und wartet mit einer Überraschung auf. In dem urkomischen Bilderbuch sind die lustvoll gereimten Worte in Versalien gedruckt. Das bietet Kindern nicht nur ein erquicklich sprachspielerisches Vergnügen, sondern auch eine Schrift, die sie sehr gerne abschreiben. Angeregt durch die ausdrucksvollen Illustrationen sprechen Kinder den gereimten Text nach kürzester Zeit selbst. Es liegt sicher an der starken Affinität, die viele Kinder zu diesem Buch entwickeln, dass das Bedürfnis, sich mit seinen schriftlichen Zeichen zu beschäftigen, quasi wie von selbst entsteht.

„*Otto Karotto*" von Chiara Carrer (Picus Verlag, Wien 2000) erzählt die Geschichte eines Hasen, der auf Karotten steht. Das ist eigentlich nichts ungewöhnliches für einen Hasen, aber Otto wachsen die Karotten bald förmlich aus den Ohren. Hase Otto bekommt sein Problem aber in den Griff, er beschließt, zukünftig keine Karotten mehr anzurühren und nur noch Spinat zu essen …

Farbig gestaltete Untergründe mit integrierten Schriftfeldern und zeichenhaften Kritzelbildern verbinden Text und Bild originell zu einer kunstvollen, schriftintensiven Einheit, in der reichlich fettgedruckte Wortwiederholungen die Aufmerksamkeit herausfordern.

„*Sardinen wachsen nicht auf Bäumen*", das weiß doch jede Katze. Aber wenn sie nicht auf Bäumen wachsen, wo kommen sie dann her? Dieser Frage gehen die Katzen Uli und Emilie in dem Bilderbuch von Vera Eggermann (Atlantis im Orell Füssli Verlag, Zürich 1999) nach. Dabei gerät man in eine doppelt abenteuerliche Situation: zum einen in der Geschichte, zum anderen in der typographischen Gestaltung dieses Buchs, in dem die Buchstaben wild über die Bildseiten fliegen. Weil auch mal ein Wort das andere jagt oder spiegelverkehrt da steht, die Buchstaben dick und dünn, groß und klein daherkommen, haben Kinder eine wahre Freude in die Welt der Schriftzeichen einzutauchen.

Schriftsprache als Thema im Bilderbuch

„*Es war einmal eine Ente*" von Harmen van Straaten (Verlag Freies Geistesleben, Stuttgart 2004): Treffsicher und kraftvoll vermittelt das Buch, wie die Hauptfiguren, Ente und Frosch, sich auf den Weg begeben, die Bedeutung und den Sinn von Schrift und Lesen zu erforschen. Die Bilder geben der Ernsthaftigkeit dieses Unterfangens nicht nur Format, sondern einen sehr spezifischen Charakter. Wenn Frosch in seiner Streifenweste bedeutsam durch seine Lesebrille lugt oder Ente versonnen und schirmbemützt aufs Blatt kritzelt, spiegelt das die kindliche Neugier, in die Welt der Buchstaben einzutauchen. Die Bilder, in warmen Aquarellfarben aufs Papier gebracht, schaffen viel positive Stimmung zum Schreiben und Lesen.

„*Die Geschichte vom Löwen, der nicht schreiben konnte*" von Martin Baltscheit (Bajazzo Verlag, Zürich 2002; als Hörspiel im Ucello Verlag, Bad Lippspringe 2003).
    Der Löwe kann nicht schreiben, aber das stört ihn nicht. Kann er doch brüllen und die Zähne zeigen und mehr braucht er eigentlich nicht. Seine Lust auf alphabetische Kenntnisse

kommt plötzlich, der Grund ist eine Löwin. Die liest Bücher und ist auch sonst so Dame, dass der Löwe meint, es sei viel besser, ihr erst einen Brief zu schreiben und dann seine Liebe zu beweisen. So beordert er den halben Dschungel, ihm einen Liebesbrief zu schreiben … aber keiner kann das schreiben, was er fühlt. Nicht nur die pfiffige Geschichte, sondern auch die witzigen Illustrationen sowie die teilweise übergroß gesetzten Buchstaben tragen dazu bei, dass Kinder löwenmäßig Lust bekommen, selber zum Stift zu greifen.

„Wir entdecken die Buchstaben" von Angela Weinhold (Sachbuchreihe Wieso? Weshalb? Warum?, Ravensburger Buchverlag, Ravensburg 2005). Auf bewährte Art und Weise bietet dieser Titel Erlebnisse und Information zum Thema Schriftsprache. Klappen verbergen Wissens- und Entdeckenswertes aus der Welt der Buchstaben. Konkrete Spielanregungen fordern die Kinder zum Reimen, Basteln und Rätselraten auf. Ein kleines blaues i führt durch das Buch und vermittelt unterhaltsam bildliche und textliche Information. Ein Sachbuch, das zu differenzierten, handlungsorientierten Erlebnissen und Erfahrungen in der Welt der Zeichen, Buchstaben und Wörter anregt.

Comic-Figuren zum Sprechen bringen

Bilderbücher und Comic-Hefte werden gemeinsam gesichtet und die besondere Art der Textpräsentation in Comics wird besprochen. Dann werden bekannte Comic-Figuren ausgeschnitten und zusammen mit leeren Sprechblasen auf ein Blatt geklebt. Diese Vorlage wird kopiert und regt die Kinder an, die Sprechblasen zu beschriften: Buchstaben, Worte, Laute werden den Comicfiguren in den Mund gelegt.

Briefkultur

Die kommunikative Funktion, die geschriebene Sprache im Alltag hat, haben Kinder erkannt, wenn sie beginnen, kleine Botschaften zu schreiben und an Freunde weiterzugeben. Briefen erleben Kinder als Inbegriff der schriftlichen Kommunikationsmöglichkeiten. Und das Briefschreiben wird bei fast jedem Kind zum Schreibanlass.

Eine gut sortierte Auswahl an Schreibpapier, Briefkuverts, Postkarten, Grußkarten, gesammelten handschriftlichen Briefen in der Schreibecke motivieren Kinder zum Schreiben. Ob sie Post spielen oder einen „echten Brief schreiben", eine Flaschenpost oder einen Luftbrief für die Luftballon-Post kreieren, stets machen die Kinder wichtige Erfahrungen auf ihrem Weg zur Schrift. Verfügt jedes Kind über einen Briefkasten oder ein Postfach, fördert dies die Schreib- und Briefkultur in der Einrichtung. Solche Schriftdepots sind für die Kinder ein Impuls, geschriebene und gemalte Botschaften, Notizen und Briefe an Freunde zu schicken, sich spielerisch mit Schrift und Zeichen zu befassen.

10 Ein literarisierendes Klima in der Kita schaffen

Gestaltungsimpulse und Rituale

Literacy-Erziehung bietet Kindern vielfältige Bildungserlebnisse rund um Literatur, Schrift und Sprache. Dauerhaft spürbar und erlebbar werden solche Erlebnisse in einem literarischen Klima, das von Kindern und Erzieherinnen gemeinsam geprägt und gestaltet wird, das sichtbaren Ausdruck findet in gemeinsamen Projekten und Ritualen, sich aber auch in der Gestaltung der Räumlichkeiten und den Materialien zeigt.

Der Buch- und Medienbestand

Jede Einrichtung wird aus dem riesigen Buchangebot eine Kollektion für ganz bestimmte Vermittlerinnen, ganz bestimmte Rezipienten und ganz bestimmte Kontexte auswählen. Stets sollten darunter Bilderbücher sein, die Kinder ermuntern, selbstständig mit sprachlichen und bildnerischen Ausdrucksmitteln zu experimentieren. Bei der Auswahl sollte auch berücksichtigt werden, dass die Themen der Bücher breit gefächert sind – damit die Kinder ihre Themen in den Büchern finden können, altersangemessen und situationsbezogen.

Es gibt eine nahezu unüberschaubare Vielfalt im Bereich von Bilder- und Kinderbüchern. Orientierung bieten aktuelle Rezensionen in Fachzeitschriften, Tageszeitungen und Feuilletons überregionaler Zeitungen, eine kompakte Auswahlhilfe bietet die Broschüre „Das Bilderbuch" (herausgegeben vom Arbeitskreis für Jugendliteratur e.V., dem Dachverband der Kinder- und Jugendliteratur in Deutschland, Infos unter: www.jugendliteratur.org). Wichtig ist es bei der Buchauswahl darauf zu achten, dass die vielfältigen Gestaltungsformen des Mediums Buch vertreten sind: Leporellos, Umkehrbücher, Pop-up-Bücher, Gucklochbücher, Fühl- und Tastbilderbücher, Bilderbücher mit Spieleffekten, Wimmelbilder-Bücher, Suchbilderbücher, Fotobilderbücher, Bilderbücher im Comicstil, Bücher, die die Kinder selbst hergestellt haben.

Neben Bilderbüchern sollten zum Bestand der Kita-Bibliothek auch Lexika, Atlanten, Vorlesebücher, Anthologien, Märchen, Gedichtsammlungen, illustrierte Liederbücher, einige intensiv illustrierte Erstlesebücher mit kürzeren Texten in groß gedruckten Buchstaben, Bildlesebücher, in denen Worte durch kleine Abbildungen ersetzt sind, Kinderzeitschriften etc. gehören. Interessantes Bilderfutter bieten auch: Kochbücher, Gartenratgeber, Bildbände über Regionen und Länder, Sportarten und Tierwelten, Fortbewegungsmöglichkeiten und Technik, Gebäude und Personen.

Ein solcher Bestand gibt Kindern reichlich Anlass zum Nachschlagen, für Gespräche und Gedanken. Preisgünstig anzuschaffen ist er im modernen Antiquariat, über Flohmärkte und Anfragen an Eltern.

Audiovisuelle Medien

Literatur für Kinder wird heute oft im Medienverbund präsentiert. Ein Cross-Media-Angebot bietet Kindern die Chance, Medienkompetenzen zu entwickeln.

- Verfilmte Kinderliteratur und Kinderfilme auf Video und DVD
- Diaserien
- Musikkassetten und CDs: Hörspiele, Hörerzählungen, Kinderlieder
- CD-ROMs
- Brettspiele

Nutzung und Präsentation des Buch- und Medienbestands

Die freie Wahl der Bücher und ein strukturierter Zugang ermöglicht Kindern, dass sie sich mit den Büchern auseinander setzen, die sie für ihren individuellen Entwicklungsstand und ihre Bildungsinteressen brauchen. Die Räumlichkeiten, Konzeption und Arbeitsweise der Einrichtung sind die Rahmenfaktoren, die Präsentation und Strukturierung des Buchbestands mitprägen.

- Eine Bibliothek oder ein Lesezimmer haben den Vorteil der konzentrierten Präsentation des Bestands. Neben einer möglichst zentralen Lage benötigen sie eine Struktur, damit Kinder das Ordnungssystem erfassen. Die Kategorien werden mit den Kindern besprochen, die Buchrücken mit Beschriftungen und farblichen Markierungen versehen. Die illustrier-

ten Titel der Bilderbücher stellen einen wesentlichen Aufforderungscharakter dar. Ein ausgewählter Teil des Angebots
sollte deshalb mit sichtbarer Titelseite präsentiert werden.

- Da es eine wesentliche Zielsetzung ist, Kindern eine selbst-
verständliche Nutzung von Büchern zu ermöglichen, wird
es immer so sein, dass in Gruppen- oder Funktionsräumen
ebenfalla ein Buchbestand vorhanden sein muss. Beispielsweise benötigen Kinder auch in der Forscherecke themen-
spezifische Literatur.
- Eine Ausleihmöglichkeit im Kindergarten kommt der Zielsetzung entgegen, dass Kinder häufig, intensiv und auch zu
Hause Literatur nutzen können. Sie erfahren dadurch die
wesentliche Struktur einer Leihbibliothek, sie verfügen über
einen Ausweis, werden durch die Karteikarten, die Datums-
stempel und Leihlisten mit den Modalitäten des Ausleihens
vertraut.

Auch die Bibliothekspflege, das Reparieren und Einstellen der
Literatur, sollte gemeinsam mit den Kindern erfolgen. Zudem
dokumentiert ein solches Leihangebot Eltern den Stellenwert,
den die Literacy-Erziehung in der Einrichtung hat. Sicherlich
ist es ein nicht unerheblicher Aufwand, dafür die Strukturen eines einfachen Ausleihsystems zu schaffen und die Bibliothek
durch Anschaffung und Auswahl neuer Bücher attraktiv zu halten. Der Aufwand jedoch lohnt sich und kann durch die Mit-
arbeit interessierter Eltern Unterstützung finden.

Rituale

Kinder lieben und brauchen Rituale, auch in der Lesekultur.
Solche immer wiederkehrenden Gepflogenheiten verschaffen
Kindern Orientierung, sie vermitteln Grundlagen und Motiva-
tion, sich selbstverständlich mit Bücher zu befassen.

Tägliches ritualisiertes Vorlesen bietet Kindern eine sichere
Basis für ihre Literaturerlebnisse. Eine Leseflagge signalisiert,
wann die Kinder intensiv in die Bücher eintauchen können.

- Stellen Sie Kindern immer wieder Aufgaben, die sie durch
  eigenständiges Forschen im Buchbestand beantworten können. Beispielsweise: „Suche ein Buch, in dem eine Geschichte über ein Mädchen und eines, in dem eine Geschichte über einen Jungen erzählt wird. In welchem Buch
  sind Häuser, Türme, Kirchen zu sehen? Welches Buch erzählt Märchen? In welchem sind Gedichte oder Lieder zu
  finden?" Die entsprechenden Seiten können die Kinder mit
  einem Zettel oder Lesezeichen markieren. Kinder erfahren
  auf diese Weise, dass Bücher Fragen beantworten, informieren und als Nachschlagewerke zu nutzen sind.
- Mit dem Erlebnis einer Lese- und Bilderbuch-Nacht im Kindergarten bieten Sie den Kindern, die in die Schule über-
  wechseln, ein markantes Erlebnis zum Abschluss ihrer Kin-
  dergartenzeit.
- Mit regelmäßigen Bilderbuch-Kino-Vorführungen bieten Sie
  den Kindern die Möglichkeit, gemeinsam mit Geschwistern,
  Eltern und Freunden Bilder zu genießen und Literatur zu erleben.
- Gewinnen Sie Eltern oder Großeltern, Nachbarn oder andere vorlesefreudige Erwachsene, die im Kindergarten vorlesen. Diese Vorlesepaten können Sie bei der Leseerziehung
  unterstützen und einen großen Beitrag zur Entwicklung der
  kindlichen Leselust leisten. Erwachsene, die überzeugt und
  mit Lust Geschichten vorlesen und erzählen, übertragen
  ihre eigene Lesefreude auf die Kinder. Zu einem besonderen
  Anlass, wie einer großen Buchwoche mit einer Buchausstellung, können Sie auch prominente Vorlesepaten für einen
  einmaligen Auftritt motivieren: Bürgermeister, Pfarrer oder
  Grundschulrektorin, den Bankdirektor, Bäcker oder andere
  Geschäftsinhaber. Erfahrungsgemäß berichten die örtlichen

Medien gerne über eine solche Aktion, die Ihre Leseförderung dokumentiert, was für beide Partner eine attraktive Form der Öffentlichkeitsarbeit darstellt.

▪ Die Stiftung Lesen bietet Materialien und Seminare für Vorlesepatinnen und -Paten an. Informationen unter www.stiftunglesen.de.

▪ Bei Schenkanlässen verschenken Sie Vorlesegutscheine, die die Kinder in der Einrichtung einlösen können. Basteln Sie aus Klappkarten und besonderen Materialien wie Glitzerfolie einen attraktiven Gutschein.

Die Buchausstellung

Ihre Literacy-Erziehung wird intensiviert und auch öffentlich dokumentiert durch eine jährliche Buchwoche, deren Mittelpunkt eine Buchausstellung ist. So schaffen Sie eine Tradition, die Kindern, Eltern und der Gemeinde oder dem Stadtteil jährlich neue Erlebnisse und Orientierung im weiten Feld der Kinderliteratur bieten.

▪ Die Ausstellung sollte eine Zusammenstellung von bewährten und neu erschienenen Titeln umfassen, ausgewählt vom Team (oder einem Teil des Teams). Im Idealfall kann die Ausstellung in Zusammenarbeit mit einer ortsansässigen Buchhandlung organisiert werden.

▪ Präsentieren Sie den Kindern und Eltern Ihrer Einrichtung eine Woche lang Ihre Auswahl an einem zentralen Platz Ihrer Einrichtung.

▪ Decken Sie die Büchertische mit schwarzen Tüchern bis zum Boden ab, das wirkt repräsentativ und erhöht den Kontrast der präsentierten Bücher.

▪ Planen Sie ein, dass ständig eine oder mehrere Ansprechpersonen in der Ausstellung sind. Zur Beratung der Eltern und vor allen Dingen als Gesprächspartnerinnen und Anlaufstelle für die in dieser Zeit sehr intensiven Vorlesewünsche der Kinder.

- Informieren Sie über Ihre Veranstaltung in den lokalen Medien: Stadtteilzeitung, Gemeindeblatt, Lokalradio.

- Die Eltern laden Sie noch einmal konkret eine Woche vorher mit einer ansprechenden Einladung ein, sodass diese während der Bilderbuchwoche verstärkt in die Einrichtung kommen und evtl. den Kindern vorlesen.

- Die feierliche Eröffnung der Ausstellung mit den Kindern gehört genauso zum Programm wie der Ausstellungsbesuch der Kinder, die im Sommer in die Grundschule übergewechselt sind, das täglich stattfindende Bilderbuch-Kino und weitere offene Angebote, die den Kindern Abenteuer und Erlebnisse rund ums Buch anbieten.

- Bieten Sie beispielsweise ein zweistündiges nachmittägliches Kinderbuch-Café für Eltern und stellen Sie einen Themenbereich aus dem Spektrum „Kind und Buch" in den Mittelpunkt: Vorlesebücher und Tipps zum Vorlesen, Geschichten in Bilderbüchern und Hörkassetten o. Ä. Das ermöglicht Ihnen, nicht nur ausgewählte Bücher vorzustellen, sondern mit den Eltern über grundsätzliche Fragen der Literacy-Erziehung ins Gespräch zu kommen.

Die öffentliche Bibliothek

Der Medienbestand einer öffentlichen Bibliothek braucht Leser. Kinder sind interessierte Leser, sie lieben Geschichten und: Bibliotheken sind Räume voller Geschichten. Was liegt also näher, als Kinder so früh wie möglich mit der Nutzung der Bibliothek vertraut zu machen? Zumal sich Bibliotheken auch als kompetente Partner im Bereich der literarischen Früherziehung verstehen. Wer Kindern einen Zugang zu öffentlichen Bibliotheken verschafft, leistet einen bedeutsamen Beitrag zu ihrer literarischen Sozialisation. Nicht nur dass Kinder einen Ort kennen lernen „an dem die Bücher wohnen", sie können selbstbestimmt aus einem breiten Angebot auswählen und wachsen in die Nutzung des Bestands der Kinder- und Jugendbibliothek hinein. In der Öffentlichkeitsarbeit von Bibliotheken spielt die kinderbezogene Bibliotheksarbeit eine wesentliche Rolle. Die meisten Bibliotheken bieten Führungen und Besuche für Kindergruppen an und betrachten Leseförderung als wichtige Aufgabe. In ihren Veranstaltungsprogrammen konzipieren viele Bibliothekarinnen immer wieder literarische Aktionen für Kinder, die spielerische Erlebnisse mit Bilderbüchern vermitteln. Kindertageseinrichtung und Bibliothek sollen und können sich als Partner verstehen, die im Interesse einer effektiven Literacy-Erziehung zusammenarbeiten.

Literacy-Projekte

- „Zeichen sprechen": eine Ausstellung aus selbstgemachten, im Umfeld entdeckten und in der bildnerischen Kunst verwendeten Zeichen (z. B. Paul Klee, Keith Haring).
- Schreibwerkstatt: Kinder arbeiten in Werkstätten, in denen vielfältige Ideen zu den Themen Schreiben, Schrift, Text lesen und entschlüsseln sowie Verstehen von Zeichen umgesetzt werden.
- Lesemöbel in Form von überdimensionalen Buchstaben bauen.
- „ABC oder wie kommen die Buchstaben in die Bücher?" – Druckwerkstatt zum Thema Wörter, Texte, Geschichten. In der Druckwerkstatt können die Kinder den Weg vom Buchstaben bis zum fertigen Buch erleben.
- Ein Lesezelt für das Außengelände konstruieren.
- Lesekissen schneidern.

- Lesezeichen-Ausstellung: selbstgemachte und gesammelte Lesezeichen werden präsentiert.

- Schwimmende Buchstaben: Mit wasserfesten Stiften werden Worte oder Buchstaben auf kleine Stücke Overheadfolie geschrieben und in eine Plastikflasche gesteckt. Diese wird mit bunt gefärbtem Wasser und Glimmer gefüllt. Wird die Flasche hin und hergeschüttelt, schwimmt das Geschriebene.

- Bleistiftwerkstatt: Bleistifte mit Federn, Glimmer und Bändern verzieren und so zum persönlichen Schreibwerkzeug gestalten.

- Meine Lieblingsbücher: Die Lieblingstitel der Kinder werden notiert. Ihre Zeichnungen und Aussagen zu den Büchern werden gesammelt und aufgeschrieben und in einem „Lese-Tagebuch" festgehalten.

- Ex-Libris-Zeichen (Dieses Buch gehört …) für die Bücher gestalten, die die Kinder zu Hause besitzen.

Fachliteratur

Bettelheim, Bruno (1990): Kinder brauchen Bücher. Lesenlernen durch Faszination. München: dtv.

Diskowski, Detlef; Hammes-Bernardo, Eva (Hrsg.) (2004): Lernkulturen und Bildungsstandards. Kindergarten und Schule zwischen Vielfalt und Verbindlichkeit. Baltmansweiler: Schneider.

Elschenbroich, Donata (2001): Weltwissen der Siebenjährigen. Wie Kinder die Welt entdecken können. München: Antje Kunstmann.

Enzensberger, Hans-Magnus (1963): Allerleirauh. Frankfurt a.M.: Suhrkamp.

Garton, Alison; Pratt, Chris (1989): Learning to be literate. The development of spoken and written language. Oxford: Basil Blackwell.

Halbey, Hans Adolf (1997): Bilderbuch: Literatur. Neun Kapitel über eine unterschätzte Literaturgattung. Weinheim: Beltz-Athenäum.

Haug-Schnabel, Gabriele; Bensel, Joachim (2005): Grundlagen der Entwicklungspsychologie. Die ersten 10 Lebensjahre. Freiburg: Herder.

Kammermeyer, Gisela (2004): Fit für die Schule oder nicht? Was Erzieherinnen über das heutige Verständnis von Schulfähigkeit wissen müssen. In: Kindergarten heute. H. 10, S. 6–12.

Laewen, Hans-Joachim; Andres, Beate (Hrsg.) (2002): Bildung und Erziehung in der frühen Kindheit. Weinheim und Basel: Beltz.

Niebuhr, Sandra; Ritterfeld, Ute (2003): Die Förderung von Lesefertigkeiten beginnt vor dem Schuleintritt! In: Kindermedien nutzen. Medienkompetenz als Herausforderung für Erziehung und Unterricht. Weinheim und München: Juventa, S. 101–114.

Panagiotopoulou, Argyro; Carle, Ursula (Hrsg.) (2004): Sprachentwicklung und Schriftspracherwerb. Beobachtungs- und Fördermöglichkeiten in Familie, Kindergarten und Grundschule. Baltmannsweiler: Schneider.

Robinson, Andrew (2004): Die Geschichte der Schrift. Düsseldorf: Patmos.

Schaefer, Gerd. E. (2003): Bildung beginnt mit der Geburt. Weinheim und Basel: Beltz.

Petermann, Hans Bernhard (2004): Kann ein Hering ertrinken? Philosophieren mit Bilderbüchern. Weinheim und Basel: Beltz.

Schründer-Lenzen, Agi (2004): Schriftspracherwerb und Unterricht. Bausteine professionellen Handelns. Opladen: Leske und Budrich.

Thalmayr, Andreas (2004): Lyrik nervt. Erste Hilfe für gestresste Leser. München: Hanser.

Thiele, Jens (2000): Das Bilderbuch. Ästhetik – Theorie – Analyse – Didaktik – Rezeption. Oldenburg: Isensee.

Thiele, Jens; Steitz-Kallenbach, Jörg (Hrsg.) (2003): Handbuch Kinderliteratur. Grundwissen für Ausbildung und Praxis. Freiburg: Herder.

Whitehead, Marian (2004): Sprachliche Bildung und Schriftsprachkompetenz (Literacy) in der frühen Kindheit. In: Fthenakis, Wassilios E.; Oberhuemer, P. (Hrsg.). Frühpädagogik international. Bildungsqualität im Blickpunkt. Wiesbaden: VS, S. 295–311.

Ulich, Michaela (1999): Erzählst du uns was? Mehr Raum für Sprachförderung. In: Kindergarten heute, H. 11–12, S. 22–27.

Ulich, Michaela (2003): Literacy – sprachliche Bildung im Elementarbereich. In: Kindergarten heute, H. 3, S. 6–18.

Wespel, Manfred (2001): Wie wird mein Kind zum Leser? Praktische Tipps und alles Wissenswerte zum Lesen lernen. München: Ars Edition.

Auswahlbibliographie
Bücher und andere Medien
für Kinder

Kinderbücher zum Vorlesen

Anna Benthin / Edda Skibbe: Kleine Hexe Billerbix, Verlag Herder 2000.
Die kleine Hexe Billerbix zaubert für ihre Hexensuppe einen Frosch herbei, eine Prinzessin, eine Spinne und noch mehr ... Aber die herbeigehexten Zutaten wollen sich nicht verkochen lassen. Wer eine schöne Geschichte erzählen kann, den verschont die muntere kleine Hexe vor ihrem Suppentopf, aus dem sich letztlich alle eine Gemüsesuppe schöpfen können ... Eine fantasievolle Geschichte, die auch rhythmisch klingende Hexenreime und liebevolle Illustrationen bietet.

Susanne Friedmann / Gudrun Lenz: Auch ein Meerschweinchen braucht mal Urlaub. Klaras Abenteuer. Verlag Sauerländer 2002.
Klara ist fünf und meistert ihren Alltag ziemlich gewieft. Ob sie mit ihrem Meerschweinchen einen Ausflug zur Pizzeria macht oder die Fotos für ihren Spielfotoapparat einfach selbst malt, sie weiß sich zu helfen. Klara wird geliebt, und so kann sie sich die Welt erobern, kreativ mit Schwierigkeiten umgehen und an ihren kleinen Abenteuern wachsen. Die neun Vorlesegeschichten aus dem Alltag sind ausdrucksstark illustriert.

Ben Kuipers: Ich bin dein Freund. Vorlesegeschichten. Verlag Nagel und Kimche 2001.
Normalerweise frisst der Wolf ein Lamm, hier aber sind sie innige Freunde und als solche sind sie füreinander da, verbringen viel Zeit miteinander, teilen Leid und verdoppeln Freude. Gemeinsam dressieren sie Schmetterlinge und träumen von Pfannkuchen und Kleeblättern. Rührende und urkomische Zwei-Minuten-Geschichten, die auf das Wesentliche im Leben aufmerksam machen.

Heinrich Hannover: Das Pferd Huppdiwupp und andere lustige Geschichten. Rowohlt Taschenbuch Verlag 2002.
Die 24 Geschichten hat der Autor zusammen mit seinen eigenen Kindern erfunden. Da treffen wir das „Pferd Huppdiwupp", das hoch hinaus will und auf einem gedeckten Kaffeetisch landet, den Hasen Puschelschwanz oder Lies und Len, die in der Badewanne schlafen. Die Geschichten bieten in ihrer Wortwahl viele Gelegen-

heiten zum Bellen, Grunzen, Brummen, zu aktiver sprachlicher Beteiligung.

Gudrun Mebs / Wolfgang Rudelius: Herr Leo und sein Michael, Verlag Sauerländer 2003.
Herr Leo wäre gerne ein richtiger Opa mit einem richtigen Enkelkind. Er hat aber keins, leider. Und außerdem ist er nicht mehr der Jüngste, hat einen Altmännerbauch und kann nur Rührei kochen. Gibt es ein Kind auf der Welt, das jeden Tag Rührei will? Trotz aller Bedenken geht Herr Leo auf die Suche und ... macht die Bekanntschaft von Michael, einem ziemlich großen Hund. Und seinen Enkelhund hat Herr Leo schnell ganz fest in sein Herz geschlossen. Eine wunderbar eigenartige Vorlesegeschichte.

Kirsten Boie / Silke Brix Henker: Jenny ist meistens schön friedlich, Oetinger Verlag 2003.
Jenny ist eine freche Göre, ihre kleine Schwester heißt Lisa. Mit der spielt sie gern. Aber manchmal spielt sie lieber mit Niko, ihrem Freund. Der hat eine Brille und hilft ihr auch, wenn mal alles drunter und drüber geht. Jenny ist eine starke Identifikationsfigur für Kinder, ihre Alltagserlebnisse kann jedes Kind nachvollziehen: viel Lust auf Unfug, ab und zu Eifersucht auf die kleine Schwester und Auseinandersetzungen mit Mama und Papa. Ein sprachlich sehr lebendig erzählter und pfiffig illustrierter Geschichtenband.

Jutta Richter: Annabella Klimperauge: Geschichten aus dem Kinderzimmer. Hanser Verlag 2002
Annabella ist eine Puppe. Sie lebt mit dem Löwen Leo und dem kleinen Teddy Klaus in Lenas Zimmer. Gemeinsam übernachten die vier manchmal im Baumhaus, picknicken und lassen es sich gut gehen. Nur als Lena in die Schule kommt, ändert sich das alles. Diese Stofftiergeschichten bestechen durch die charaktervolle Zeichnung ihrer Figuren. Sie erzählen nicht kindertümlich, sondern kindgerecht von Persönlichkeiten, die das Kinderleben bereichern.

Christine Merz / Anke am Berg: Die Maus im Vogelhaus. Geschichten zum Liebhaben. Kerle im Herder Verlag 2005.
Wo bin ich wirklich zu Hause? Wie finde ich Anerkennung? Wer tröstet mich, wenn es mir nicht gut geht? Elementare Fragen des Daseins sind für Kinder genauso wichtig wie für Erwachsene. Ihnen nachzuspüren ist der Impuls, der sich aus dem Vorlesen dieser poe-

tischen Sammlung kurzer Tiergeschichten wie von selbst ergibt. Ob die kleine Schnecke ihr Haus verlässt, oder der kleine Goldfisch seine Einsamkeit überwindet – die poetischen Geschichten berühren Lebenswirklichkeit und Emotionen von Kindern und Vorlesern.

Kommunikativ anregende Bilderbücher

Rotraut Susanne Berner: Der fliegende Hut. Hanser Verlag 2002.
Ein richtiger Hut kann fliegen, und wer fliegen kann, kommt weit in der Welt herum. Und wer das Buch anschaut, ist überall dabei und erzählt, wie der Hut auf allen möglichen Köpfen landet, um am Ende wieder zum glücklichen Besitzer zurückzukehren.

Katja Kamm: Das runde Rot. Bajazzo Verlag 2003.
Etwas Rundes und Rotes begibt sich auf Wanderschaft, fliegt durch die Luft, landet in Mädchenhänden und das ist der Beginn einer faszinierenden Verwandlungsgeschichte. Eine fantasievolle Sehschule, die anregt, Sprache zu gebrauchen.

Gerda Muller: Was war hier bloß los? Ein geheimnisvoller Spaziergang. Moritz Verlag 2000.

Gerda Muller: Was war im Wald bloß los? Ein geheimnisvoller Ausflug. Moritz Verlag 2004.
Diesen Bilderbüchern liegt eine bestechende Idee zu Grunde: Die handelnden Personen sind unsichtbar! Aber: Sie hinterlassen Spuren. An diese sichtbaren bildlichen Zeichen werden die Kinder anknüpfen, sie innerlich nachvollziehen und mit ihrer Fantasie ausschmücken. Sie kommen sozusagen den Geschichten auf die Spur und drücken ihre Deutungen sprachlich aus.

Antje Damm: „Frag mich!" Moritz Verlag 2002
Das Buch bietet eine Vielzahl wunderbarer Anlässe, mit Kindern zusammen ins Gespräch zu kommen. Auf 212 Seiten sind Textfragen gestellt, zu deren Beantwortung die gegenübergestellten Bilder Impulse leisten. In „Frag mich!" verzahnt sich die Impulskraft der Bilder mit den Fragen und gibt so die perfekte Einstiegshilfe für vielfältige Gesprächserlebnisse.

Katy Couprie / Antonin Louchard: „Die ganze Welt". Gerstenberg Verlag 2001.

Ein Bilderbuch, dessen Bilder Weltsicht für Kinder schaffen und fantastisch viel Potenzial für kreative Anschlussbeschäftigungen besitzt, ist dieses mit dem Deutschen Jugendliteraturpreis 2002 ausgezeichnete Bilderbuch.

Lyrik im Bilderbuch

Derzeit bestechen Bilderbücher, die Lyrik für Kinder mit künstlerischen Illustrationen verbinden, auch in ihrer stilistische Vielfalt.

Margaret Klare / Claudia Schmidt: Schabernack. Peter Hammer Verlag 2002
„Der Schnick, der Schnack, der Schabernack, die gingen einmal huckepack. Ganz unten Schnick, darüber Schnack und obendrauf der Schabernack." Mit geheimnisvollen und koboldhaften Figuren, setzt „Schabernack" mit reichlich Dynamik Reime ins Bild.

Axel Scheffler / Julia Donaldson: Der Grüffelo. Verlag Beltz & Gelberg 1999.

Axel Scheffler / Julia Donaldson: Das Grüffelokind. Verlag Beltz & Gelberg 2004.
Reimselig zeigt der Grüffelo, ein Wesen mit Klauen und Hauern, wie große Tiere vor kleinen schlauen Mäusen ängstlich Reißaus nehmen. Spielerische Illustrationen erzeugen einen wunderbaren Kontrast zur gefährlich geschilderten Spannung. Ein Fortsetzungsband erzählt, wie das Kind des Grüffelos die Welt erforscht.

Christian Morgenstern / Norman Junge: Der Schnupfen. Aufbau Verlag 2000.
„Ein Schnupfen hockt auf der Terrasse, auf dass er sich ein Opfer fasse …" Das Gedicht von Christian Morgenstern setzt Norman Junge in surreale Bilder, ganz in Blautönen gehalten, um. Ein künstlerisches Werk, dessen Witz große und kleine Gedichtliebhaber erheitert.

Peter Geißler / Almud Kunert: Meins und deins. Verlag Hanser 2000.
Dass Gedichte im Bilderbuch Kindern reichlich Möglichkeiten geben, sich Fragen zu stellen und ihre Fantasie zu entfalten, zeigt sich in diesem Kinderbuch. Zwei Kinder werden auf Entdeckungsreise durch Räume geführt, in denen es viel zu sehen gibt: „Meins ist groß und Deins ist grün. Meins kann ich am Faden ziehn." Was

das wohl sein mag? Die Lösung der Geheimnisse ist nicht unbedingt das Wichtigste, denn in den farbenfrohen Bildern lässt sich so manches entdecken und erzählen!

Wimmelbücher

Rotraut-Susanne Berner: Frühlings-Wimmelbuch, Sommer-Wimmelbuch, Herbst-Wimmelbuch, Winter-Wimmelbuch. Gerstenberg Verlag, 2003–2005.
Anregenden Gesprächsstoff bietet der Wimmelbuch-Zyklus, den die Illustratorin Rotraut Susanne Berner konzipiert und gestaltet hat. Die vier Bücher erzählen ihre unterhaltsamen Geschichten und Situationen in identischen Kulissen, die sich jahreszeitlich verändern. Jedes Buch ist wie ein kleiner Film mit extrem vielen Details und Geschichten ausgestaltet.

Sach-Bilderbücher

Die Bände der Reihe „Wieso? Weshalb? Warum?" erscheinen im Ravensburger Buchverlag.

Hier werden Sachverhalte aus dem Blickwinkel der Kinder präsentiert. Altersadäquate Spieleffekte in Form von Klappen und Stanzungen ermöglichen dem Kind eine handelnde, spielerische Auseinandersetzung, es gibt jeweils eine Identifikationsfigur, die die sachlich zuverlässigen Informationen um eine affektive Komponente ergänzt. Die wesentlichen Sachverhalte werden über das Bild transportiert, die begleitenden Texte zeigen Zusammenhänge auf, werden inhaltlich komplexer und bieten vielfältige Gesprächsanlässe zwischen Kind und Erwachsenem.

Titel aus der „Wieso? Weshalb? Warum?"-Reihe werden seit 2004 im Jumbo Verlag in einer Audio-Version veröffentlicht. In Dialogen, mit Geräuschen und Musik, sind die Themen nicht nur altersgerecht, sondern auch medienspezifisch herausragend auf CDs umgesetzt. Da Sachthemen auf Tonträgern äußerst selten zu finden sind, stellen diese Entdeckungs-Hörbücher eine didaktisch geschickt inszenierte Ergänzung zum Sachbuchbestand für Kinder dar.

Bild-Wörter-Bücher

Von Räubern, Piraten & mutigen Indianern
Sigrid Gregor: Das verhexte ABC
Leope: Eins zwei, drei – Räuberzählerei
alle Bände im Verlag ars edition 2004/2005.
In den Fließttext eingefügte Bilder ermöglichen Kindern, erste „Lese"-
   Übungen.

Illustrierte Liederbücher

Sternschnuppe / Dagmar Geisler: Ein Kühlschrank ging spazieren. Mit-
   mach-Hits zum Singen und Spielen. Dtv 2005.
   Das pfiffig illustrierten Liederbuch präsentiert Texte und Noten zu 14
   Liedern für das ganze Jahr, verbunden mit Ideen zum Singen, Spielen
   und Aufführen. Die gleichnamige CD beweist, dass Textqualität und
   Musikalität bei der Gruppe „Sternschnuppe" garantiert sind.

Tonträger

Hörspiele – Kino im Kopf

Wolf Erlbruch: Die fürchterlichen Fünf. Patmos Verlag.

Martin Baltscheit: Der König der Bahn. Ucello Verlag.

Martin Baltscheit: Die Geschichte vom Löwen, der nicht schreiben
   konnte. Ucello Verlag.

Ingrid Uebe: Sandmännchens Reise. Headroom.

Ingrid Uebe: Teddy Langohr. Headroom.

Paul Carson: Doktor Norbert Bär. Hörspiel-Musical. Headroom.

Werner Holzwarth: Vom kleinen Maulwurf, der wissen wollte, wer ihm
   auf den Kopf gemacht hat. Das Musical (nach dem gleichnamigen
   Bilderbuch). Patmos Verlag.

Tilde Michels: Tatatuck. Patmos Verlag.

Rudolf Herfurtner: Gloria von Jaxtberg und Rosa. Der Hörverlag.

Jujja und Tomas Wieslander: Mama Muh und die Krähe. Igel Records.

Vorlesen lassen

Markus Osterwalder: Bobo Siebenschläfer. Geschichten für ganz Kleine mit Klangerlebnissen und Musik. Inszeniert von Ulrich Maske. Jumbo Verlag.

Dimiter Inkiow: Ich und meine Schwester Klara. Vorgelesen von Ilona Schulz. Hörcompany.

Cornelia Funke: Das Piratenschwein. Erzählt von Friedhelm Ptok. Igel Records.

Frederik Vahle: Mäuse wie wir. Laute und leise Geschichten von Luzi und Kabutzke. Vorgelesen von Fredrik Vahle. Beltz & Gelberg Audio.

Gebrüder Grimm: Der Froschkönig. Klassische Musik und Sprache erzählen. Erzähler: Samuel Weiss. Edition Seeigel.

Ute Kleeberg / Uwe Stoffel: Und der Igel schwimmt doch. Klassische Musik und Sprache erzählen. Erzähler: Axel Grube. Edition Seeigel.

Kirsten Boie: Wir Kinder aus dem Möwenweg. Vorgelesen von Katrin Engelking. Jumbo Verlag.

Max Kruse: Urmel fliegt ins All. Erzählt von Dirk Bach. Patmos Verlag

Rudyard Kypling: Geschichten für den allerliebsten Liebling. Erzählt von Martin Seyfert. Patmos Verlag.

Aktiv mitmachen

Tüddelsen & Toni. Wunderbare Erfindungen. Löchergeschichten zum Hören, Mitmachen und Lernen für Kindergartenkinder. Hörcompany.
Aus Umschreibungen können die Kinder die fehlenden Wörter erraten und die Lücken der Geschichte akustisch füllen.

Lyrik für Kinder auf CD oder in Anthologien

Edmund Jacoby / Rotraut Susanne Berner: Dunkel war's der Mond schien helle. Verse Reime Gedichte. Gerstenberg Verlag 1999.
CD/MC: Jumbo Verlag, Hamburg 2000.

Hans Joachim Gelberg: Großer Ozean. Gedichte für alle. Beltz Verlag 1999.
CD: Hörcompany 2001.

Hans A. Halbey / Rotraut Susanne Berner: Schmurgelstein so herzbetrunken. Verse und Gedichte für Nonsens-Freunde von 9–99. Dtv, Reihe Hanser 2001.

Erwin Grosche / Dagmar Geisler: Der Badewannenkapitän. Gedichte und Geschichten für Kinder. Dtv 2002.
CD: Patmos Verlag 2002.

Georg Bydlinski: Wasserhahn und Wasserhenne. Gedichte und Sprachspielereien. Dachs Verlag 2002.
CD: Patmos Verlag 2003.

Frank Helferich / Silke Leffler: Schnipp, Schnapp, Schnorum. Anette Betz Verlag 2002.
CD: Anette Betz Verlag 2002.

Gerda Anger-Schmidt / Renate Habiger: Neun nackte Nilpferddamen. Aller Unsinn macht Spaß. NP Buchverlag 2003.

Georg Bydlinski / Carola Holland: Ein Gürteltier mit Hosenträger. Dachs Verlag 2005.

Joachim Ringelnatz: Der Nasenkönig. Verlag Sauerländer 2005.

CD: Ritze, Rotze, Ringelratz. Ausgesprochene Frechheiten mit Otto Sander. Patmos Verlag 2005.

CD: Federleicht und Windkinder. Max Kruse gesprochen von Otto Sander. Patmos Verlag 1999.

CD: Goethe für Einsteiger. Gesprochen von Christoph Biemann. Deutsche Grammophon 1999.

CD: Gerhard Schöne singt Kindergedichte. Kinderwelt-Ravensburger Musik & Video 2001.

CD: Franz Wittkamp: Du bist da, und ich bin hier. Gedichte und Geschichten gelesen von Manfred Steffen. Hörcompany 2001.

CD: James Krüss: Wenn die Möpse Schnäpse Trinken. Verdrehte Geschichten und vertauschte Gedichte. Igel Records 2003.

CD: Ute Andresen: ABC und alles auf der Welt. Gesprochen von Hans Clarin und Grundschulkindern. Hörcompany 2004.

Bilderbuch-Kino

Jedem Titel habe ich zur besseren Orientierung thematische Stichworte zugeordnet.

Titelauswahl:
Brigitte Luciani / Vanessa Hié: Die Hempels räumen auf.
  Chaos, Aufräumen, Suchspiel

Anais Vaugelade / Florence Seyvos: Freunde fürs Leben
  Freundschaft, Zuneigung, Dinosaurier

Anais Vaugelade: Lorenz ganz allein
  Großwerden

Philippe Corentin: Papa!
  Träume, Ungeheuer

Dieter Wiesmüller: Pin Kaiser und Fip Husar
  Freundschaft, Individualität

Gilles Tibo: Maxi der Schüchterne
  Schüchternheit, Freundschaft, Selbstbewusstsein

Maura Fazzi / Peter Kühner: August und das rote Ding
  Clown, Zirkus

Rotraut Susanne Berner: Das Abenteuer
  Mutiges Katzenmädchen

Neele Most / Jutta Bücker: Der Mondhund
  Freundschaft

Udo Weigelt / Christa Unzner: Marike wird die Geister los
  Nachtängste, starkes Mädchen

Nadja: Blauer Hund
  Verlassensängste, Freundschaft, Geborgenheit

Birte Müller: Rudi Riese
  Anderssein, Findelkind, Familie

Henriette Sauvant / Gebrüder Grimm: Die sieben Raben
Märchen

Charles Perrault / Eric Battut: Der gestiefelte Kater
Märchen

Eric Battut: Rik und Rik
Identität, Anderssein akzeptieren

David McKee: Du hast angefangen! Nein, du!
Konflikt, Streit, Frieden

Nikolaus Heidelbach: Ein Buch für Bruno
Abenteuer Lesen

Kirsten Boie / Jutta Bauer: Kein Tag für Juli
Gefühle, Kinderalltag

Max Velthuijs: Eine Geburtstagstorte für den kleinen Bären
Feste feiern

Maria Luisa Banfi / Gianni De Conno: Amalia und die Ostereier
Ein Huhn, ein Hase und das Osterfest

Brigitte Weniger / Anne Möller: Danke, gutes Brot!
Erntedank, Grundnahrungsmittel Brot

Ursula Wölfel / Daniele Winterhager: Das schönste Martinslicht
Eine Martinsgeschichte, in der die Legende vom heiligen Martin wieder lebendig wird

Ursula Kirchberg / Wolfram Bittner: Felix, Kemal und der Nikolaus
Interkulturelle Erziehung, Nikolaus

Brigitta Garcia Lopez: Flieg, Flengel flieg
Schutzengel, Kraft der Fantasie

Max Bolliger / Gianni De Conno: Der Weihnachtsnarr
Über die Kraft des Schenkens

Christine Merz / Astrid Krömer: Das Mädchen an der Krippe
Die Weihnachtsgeschichte, erzählt aus der Sicht eines kleinen Mädchens

Max Bolliger / Giovanni Manna: Weihnachten ist wenn
Über den Sinn des Weihnachtsfestes / Immigrantenkind

Brigitte Weninger / Anne Möller: Luftpost für den Weihnachtsmann
Wünschen und hoffen

Wolfram Hänel / Ursula Kirchberg: Das Weihnachtswunschtraumbett
Wünsche, Konsum

Daniele Winterhager / Ingrid Uebe: Warten aufs Christkind
Vor-Weihnachtszeit

Norbert Landa / Dieter Konsek: Die Nacht der Wunder
Dreikönige, Streit

Bilderbuch-Videos

Juli – Geschichten von Kirsten Boie und Jutta Bauer – Jumbo Medien

Die Königin der Farben, von Jutta Bauer – Matthias-Film

Opas Engel, von Jutta Bauer – Matthias-Film

Schreimutter, von Jutta Bauer – Katholisches Filmwerk Frankfurt

Die Dornenhecke, nach dem Bilderbuch Floris und Maja von Elzbieta –
Matthias-Film

Pettersson und Findus, nach den Bilderbüchern von Sven Nordquist –
Matthias-Film

Neues von Pettersson und Findus, nach den Bilderbüchern von Sven
Nordquist – Matthias Film

Mutter Vater Kind, von Kirsten Boie und Peter Knorr – Matthias-Film

Tinka, von Kirsten Boie und Peter Knorr – Matthias-Film

Der kleine Eisbär, nach den Bilderbüchern von Hans de Beer – Matthias-
Film

Frederick, von Leo Lioni – Matthias-Film

Die kleine Raupe Nimmersatt, von Eric Carle – Katholisches Filmwerk

Die drei Räuber, von Tomi Ungerer – Matthias-Film

Die blaue Wolke, von Tomi Ungerer – Matthias-Film

Wo die wilden Kerle wohnen, von Maurice Sendak – Matthias-Film

Der Schneemann, von Raymond Briggs – Matthias-Film

CD-ROMs

„Der Räuber Hotzenplotz", Cornelsen Verlag 2004.
Der Kinderbuchklassiker „Der Räuber Hotzenplotz" gehört zu den
bekanntesten Werken von Otfried Preußler. Die Geschichte ist auf
der CD-ROM als multimediales Kasperltheater unterhaltsam und
kindgerecht umgesetzt. Sie bietet knifflige Rätsel und Aufgaben,
fordert spielerisch die Lese- und Merkfähigkeit und erzählt die Geschichte vereinfacht in Form eines Kaspertheaters, wobei sie sich
weitgehend an den Motiven der Buchvorlage orientiert. Insgesamt
kann diese Produktion die kindliche Auseinandersetzung mit den
Figuren der Geschichte fördern und intensivieren.

„Zilly die Zauberin" in: „Das Zauberpaket", Tivola Verlag 1998.
Zilly, die bekannte und beliebte Hexe aus dem gleichnamigen Bilderbuch von Korky Paul und Valerie Thomas, lebt mit ihrem Kater
Zingaro zusammen. Die multimediale Umsetzung erzählt ihre Geschichte zum einen als lebendes Bilderbuch und zum anderen als
animierter Trickfilm. Die interaktiven Zauberspiele sind originell
und anspruchsvoll und bieten zusammen mit den literarischen Geschichten eine CD-ROM-Produktion, die in ihrer inhaltlichen und
medienspezifischen Gestaltung besticht.

„Oh, wie schön ist Panama", Terzio Verlag 2003
Die Reise des kleinen Bären und Tigers, die beiden Figuren aus dem
gleichnamigen Bilderbuch von Janosch, stehen auch hier im Mittelpunkt der Geschichte, die man sich auf der CD-ROM vorlesen lassen oder selbst erspielen kann. Zu den Geschicklichkeitsspielen gibt
es auch ein Hörspiel, das das Gehörte mit dem geschriebenen Wort
verknüpft und ein Schreibspiel, bei dem aus einzelnen Buchstaben
ein einfaches Wort zusammengepuzzelt wird. Das Wiedererkennen
von Buchstaben und Worten wird geübt, und eine Anlauttabelle
präsentiert Buchstaben und Anlaute in Bild und Ton. Ausdrucke
und Bastelanleitungen regen zur Weiterarbeit ohne PC an.
Eine gelungene, vielfältige Übersetzung des Buches in die multimediale Welt, die Lernen vergnüglich aufbereitet.

ABC-Bücher

Ute Andresen: ABC und alles auf der Welt. Beltz Verlag 2002.
Lese-Schatz-Buch nennt sich das liebevoll zusammengestellte ABC-Buch. Auf einer Doppelseite steht der jeweilige Buchstabe in Groß- und Kleinschrift, umgeben von Bildern, in denen es vieles zu entdecken und zu benennen gibt. Zu jedem Buchstaben gibt es auf den Folgeseiten Rätsel und Reime, Wortschatzgruppen und Geschichten. Ein sehr vielfältig motivierendes Buch, in dessen Vorwort die Autorin schreibt: „Lesen lernt man, weil man sich davon etwas verspricht." Auch als geglückte Audio-Version auf CD erhältlich. (Hörcompany 2004)

Nadia Budde: Trauriger Tiger Toastet Tomaten. Peter Hammer Verlag 2000.
Hier taucht das ABC in poetisch-lustigen Buchstabenversen auf, begleitet von humorvollen Illustrationen, die beispielsweise bildstark beweisen: „Katzen in Kittelschürzen können Kümmelstangen kürzen." Mit viel Spaß entdecken und erkennen Kinder dabei die Buchstaben. Die Texte sind in Großbuchstaben gedruckt und regen in ihrer Verbindung mit den Illustrationen auch zum Zeichnen und Schreiben an.

Mein erster Brockhaus. Ein buntes Bilder-ABC. Mit Illustrationen von Renate Seelig. Bibliographisches Institut, Darmstadt 2002.
In diesem Bilder-ABC wird jeder Buchstabe durch Gegenstände oder Szenen vorstellt, die mit dem gleichen Anlaut beginnen. Dass die Beispiele einen intensiven Bezug zum Alltag von Kindern haben, ihre Interessen aufgreifen und abbilden, ist die Stärke dieses ansprechenden Bilder-ABCs.

Katharina Lausche: T wie Tukan – ABC mit großen und kleinen Tieren. Aufbau Verlag 2000.
Dieses kunstvoll gezeichnete Tieralphabet stellt zu jedem Buchstaben vom Ameisenbär bis zum Zebra ein Tier vor. Im Anhang finden sich Informationen zu den einzelnen Tieren. Ein sorgfältig ausgestattetes Buch, das auch durch sein klares Erscheinungsbild besticht.

Dagmar Geisler / Erwin Grosche: Meine ABC-Reise. Ravensburger Buchverlag 2004.
Ein Buch mit 26 Klappen – für jeden Buchstaben des Alphabets ei-

ne. Unter jeder Klappe sind Dinge abgebildet, die mit dem jeweiligen Buchstaben beginnen und die auch in den großen Bilderbuchseiten zu finden sind. Die Textebene bietet für jeden Buchstaben rhythmische, gereimte Sprache und viel Nonsense: „Das B reist nach Berlin per Bahn besucht dort einen Bären. Und kommt die Bahn mal pünktlich an, braucht niemand sich beschweren."

Mit diesem Buch können sich Kinder auf sehr spielerische und unbeschwerte Art dem ABC nähern und ihm auf die Schliche kommen.

Brief- und Buchkultur in der erzählenden Kinderliteratur

Anette Langen / Constanza Droop: Briefe von Felix. Coppenrath Verlag 1994.

Gegen Ende der Ferien passiert etwas Schreckliches: Sophies Kuschelhase Felix verschwindet auf dem Flughafen. Sophie ist bedrückt, denn sie und ihr Hase sind unzertrennlich. Eines Tages aber erhält sie Post aus London – ein Brief von Felix. Der ist auf Weltreise und schickt weitere Briefe, in denen er über seine Erlebnisse in Paris, Rom, Kairo und New York berichtet, auch aus Kenia kommt ein Brief. Seine Schilderungen über Land und Leute stecken in Briefumschlägen, die auf den Buchseiten aufgeklebt sind.

Das Bilderbuch motiviert Kinder, sich mit den einzelnen Ländern näher auseinander zu setzen und regt an, selber eine Geschichte zu schreiben, in der Briefe zusätzliche erzählende oder informierende Aspekte mit einbringen.

Tiphanie Becke / Anthony France: Ein Brief für dich. Beltz & Gelberg 2004.

Ratte ist traurig und fühlt sich von aller Welt verlassen. Da bekommt sie einen Brief, der sie sehr glücklich macht – doch er hat keinen Absender! Neugierig begibt sich Ratte auf die Suche nach dem geheimnisvollen Freund … In satten Farben zeigen die Bilder, wie Ratte unbeirrbar unterwegs ist, das Rätsel des gelben Briefes zu lösen. Schriftbilder werden verglichen, Einladungen, Einkaufslisten und ein weiterer wichtiger Brief werden geschrieben. Diesem Bilderbuch gelingt es, die sozialen und emotionalen Erlebnisse und Stimmungen ins Bild zu rücken, die geschriebene Botschaften bewirken können.

Ingrid und Dieter Schubert: Irma hat so große Füße. Verlag Sauerländer 1992.
Die kleine Hexe Irma wird von den anderen Hexen ausgelacht, weil sie so große Füße hat. Traurig verlässt sie ihre magische Welt und liegt eines Morgens schnarchend hinter dem Zahnputzbecher von Lore. Die zwei freunden sich rasch an. Doch irgendwann wird Irma von Otto dem Drachen wieder in die Zauberwelt zurückgeholt. Aus dieser Welt schickt sie Lore einen Brief in Bilderschrift, den nicht nur Lore lesen kann …

Astrid Lindgren: Pippi Langstrumpf, Verlag Friedrich Oetinger 1987.
Dass der Wunsch einen Brief zu erhalten auch Buchfiguren umtreibt, erzählt Astrid Lindrgen im Kapitel „Pippi schreibt einen Brief und geht in die Schule – aber nur ein bisschen". Natürlich erfüllt Pippi sich diesen Wunsch auf ihre typisch direkte Weise: sie schreibt selbst einen Brief, händigt ihn dem verdutzten Briefträger aus, mit der Bitte, den Umschlag doch in den Briefkasten ihrer Villa Kunterbunt einzuwerfen …
Den Brief können die Kinder im Buch entdecken. Sicher ist es spannend, zu überlegen, wie und wo Pippi ihn geschrieben hat. Wird er vergrößert, kopiert und in die Schreibecke gehängt, ist er für Kinder ein motivierendes Element, selbst einen Brief zu schreiben, oder einen an Pippi, die sich ja, wie die Geschichte erzählt, sehr über Post im Kasten freut.

Nikolaus Heidelbach: Ein Buch für Bruno. Verlag Beltz & Gelberg 2000.
Ulla Herz ist ein Bücherwurm. Blättern, Bilder anschauen, in Vaters Bibliothek hocken, das ist ihre Welt. Ab und zu kommt Bruno Würfel vorbei und zeigt ihr angeberisch, was er wieder Neues hat. Trotz aller Unterschiede mögen sie sich irgendwie, und die Ulla versucht den Bruno in ihre Bücherwelten hineinzuziehen. Kinderbücher aber findet er todlangweilig.
Der Schlangenbiss an Ullas Hals und ein riesengroßes geheimnisvolles Zauberbuch, aus dem die Schlange kroch, schaffen es aber doch, dass Bruno ins Buch einsteigt: Eine geheimnisvolle Treppe gehen sie hinunter und fliegen an einem roten Lesebändchen in die Unendlichkeit der Bücherwelt … In prachtvollen Bildern erzählt Nikolaus Heidelbach von fantastischen Erlebnissen in der Bücherwelt.